BUR

Biblioteca Universale Rizzoli

Francesco Giavazzi

LOBBY D'ITALIA

BUR
FUTUROPASSATO

ISBN 88-17-00759-5

Prima edizione BUR Futuropassato: settembre 2005

Avvertenza

Questo volume raccoglie alcuni degli articoli che ho scritto in questi anni per il «Corriere della Sera» e in qualche occasione per altri giornali («Financial Times», «La Nación» e «la Nuova Venezia»). Li ho ordinati per argomento, ma li ho lasciati inalterati. Questo obbligherà il lettore, partendo dalla data di pubblicazione di ciascun articolo, a un piccolo esercizio di memoria per ricordare il contesto in cui furono scritti. Egli si accorgerà così che pur essendo passati, in alcuni casi, più anni dalla data in cui gli articoli furono pubblicati, i problemi sollevati – dalle ragioni della lentezza della giustizia civile alla mancata liberalizzazione delle professioni, alla mancata riforma del risparmio e dei concorsi universitari, alla mancata abolizione del valore legale dei titoli di studio, alla mancata liberalizzazione dei servizi pubblici locali, alla mancata riduzione dei sussidi alla imprese «un euro in meno di aiuti, per un euro in meno di tasse» – sono rimasti tutti come erano cinque anni or sono.

(F. G.)

Introduzione

Quando leggo di «declino dell'Italia» penso agli studenti che arrivano nella mia università dal Mezzogiorno, non dalle città, ma dai paesi della Piana del Sarno o dai borghi marinari della Calabria. Sono ragazzi molto intelligenti: l'università può solo cercare di non recare loro danno. Penso alle grandi banche d'affari di Londra: in sala cambi e nel comitato direttivo si parla inglese, ma uno su tre è italiano. Quando Vittorio Grilli, il direttore generale del Tesoro e ideatore dell'Istituto italiano di tecnologia, si recò a Boston per illustrare il suo progetto ai ricercatori di Harvard e del MIT (Massachusetts Institute of Technology), ad ascoltarlo si presentarono in cento: chimici, biologi, medici, astronomi, ingegneri, tutti italiani. Penso al nuovo Museo d'Arte Moderna di New York: la sezione dedicata al design è una rassegna di nostri architetti; penso ai ristoranti: sono citazioni continue dei nostri prodotti. Come fa un Paese così ad essere sulla via del declino?

Allora osservo i lavoratori pendolari che un lunedì mattina, esasperati, occupavano i binari nella stazione di Vignate, vittime di un Paese che ha accumulato il debito pubblico più grande d'Europa, ma non ha trovato i soldi per raddoppiare la linea ferroviaria Torino-Venezia. Osservo Eurostar con novanta minuti di ritardo e vagoni di seconda classe incrostati di sporcizia. Penso ai professori che arrivano tardi a lezione, rinviano gli appelli d'esame e non rispondono alle e-mail dei loro studenti. Tribunali civili che chiudono il 15 luglio e riaprono a metà settembre e intanto le cause si accumulano: negli Stati Uniti chiudono il lunedì di Labor Day. Osservo banchieri che considerano Roma il centro del mondo perché lì c'è un'istituzione che li protegge. Mai che pensino di assumere un italiano che abbia avuto successo, al Crédit Suisse o a

Goldman Sachs, e se lo fanno subito si pentono e lo rispediscono a Londra.

Due secoli fa Ricardo scriveva che le nazioni devono cominciare col chiedersi quale sia il loro vantaggio comparato. Le nostre straordinarie risorse sono storia, natura, capitale umano. Se non vogliamo diventare Disneyland – scelta fatta dagli amministratori pubblici di Venezia – dobbiamo smetterla di cementificare le coste, imparare a valorizzare le risorse naturali e puntare sulle intelligenze.

Purtroppo i neuroni del cervello umano iniziano a morire poco oltre i vent'anni. L'età media dei nostri professori universitari è cinquantasette, quella dei ricercatori quarantasette. Fra poco più di un anno andremo a votare: la scelta sarà tra due candidati, entrambi prossimi ai settant'anni. Bill Clinton fu eletto presidente degli Stati Uniti a quarantasei; Tony Blair premier inglese a quarantaquattro; Nicolas Sarkozy, l'aspirante presidente francese, ne ha cinquanta; John Reed, il banchiere che ricostruì Citibank negli anni Ottanta, si ritirò a sessant'anni.

Ciò che consente agli anziani di tenere a bada i giovani è la scarsa concorrenza. Il maggior beneficio di una fine dell'autarchia del credito sarebbe il rientro di molti giovani banchieri italiani che oggi lavorano a Londra. Eliminiamo il valore legale delle lauree e le famiglie cominceranno a chiedersi se il professore dell'università locale è veramente bravo.

Siamo il Paese con uno dei tassi di fertilità più bassi d'Europa. L'unica speranza per evitare la sclerosi è aprire le porte come hanno fatto Spagna e Stati Uniti. La legge 27/12/04 consentirà nel 2005 l'ingresso in Lombardia di 120 (sic!) indiani: è noto che alcuni dei migliori matematici e informatici al mondo lavorano in India.

Questo nostro Paese assomiglia a un bellissimo Meccano. Purtroppo è montato male. Ci sono qua e là negli ingranaggi dei sassi che ne bloccano i movimenti; il risultato è che il Meccano brilla ma non si muove e se cerchi di spingerlo si capovolge. Non c'è altro da fare che smontarlo, e poi rimontarlo pezzo per pezzo.

Berlusconi ci promise di capovolgere l'Italia come un guanto: la misura del suo fallimento la si legge, prima ancora

...uati di un'economia che ha smesso di crescere, nella ...zione che l'Autorità Antitrust ha inviato al Parlamento nella primavera 2005 a commento delle norme sulla competitività approvate dal suo Governo. Riferendosi agli ordini professionali, l'Autorità scrive: «La competitività dei professionisti italiani richiede un profondo rinnovamento del sistema degli ordini, ma dal provvedimento del Governo non emerge alcun ripensamento del loro ruolo».

Piccole cose, dirà qualcuno. Nulla di più sbagliato. Il bel Meccano è bloccato da una moltitudine di cunei, alcuni grandi e solidissimi come le posizioni dominanti di Enel, Telecom ed Eni, altri piccoli come il monopolio dei farmacisti sulla vendita dell'aspirina, o degli edicolanti sulla distribuzione dei giornali, ma non meno dannosi.

Forse dovremmo chiederci come mai, all'improvviso, è spuntato tanto denaro accumulato nel settore immobiliare. Come si sono create le ricchezze dei nuovi padroni della finanza, signori fino a ieri sconosciuti, e che oggi sono in grado di acquistare partecipazioni importanti in banche e società quotate in Borsa. Anche questo dipende, in parte, da un sistema che non funziona. Incapaci di ridurre il numero dei dipendenti pubblici, abbiamo fatto quadrare i conti tagliando i trasferimenti ai comuni, e questi, per sopravvivere, hanno usato il solo strumento di cui dispongono: le licenze edilizie e la possibilità di monetizzare le aree verdi, cioè chiedere, a chi costruisce, contanti, anziché standard edilizi. Il risultato è un uso estensivo del territorio e forse anche qualche transazione non proprio trasparente tra immobiliaristi e amministratori pubblici.

Berlusconi attribuisce la profonda crisi in cui siamo piombati all'euro e al Patto di stabilità. Ora che il Patto è stato modificato annuncia una Finanziaria per lo sviluppo e dice che taglierà le tasse senza preoccuparsi di come far fronte alla perdita di gettito. È evidentemente la strada sbagliata. Il rischio è che il Meccano si capovolga, travolto dalla perdita di credibilità nei mercati finanziari.

Molti temono le sparate di Bertinotti sulla proprietà privata e l'ipoteca che la sinistra estrema potrebbe esercitare su un Governo Prodi. Non è questo, secondo me, il vero rischio per il nostro Paese. Bensì che le mille piccole lobby, che si arricchiscono bloccando il Meccano e impedendogli di funzionare, l'abbiano vinta anche con il professor Prodi.

Francesco Giavazzi, Milano 31 luglio 2005

1
I privilegi di pochi che paghiamo tutti

Premessa

In quattro anni, dal 2001 a oggi, i prezzi dei servizi bancari sono cresciuti del 38 per cento, i prezzi dell'assicurazione sulle auto del 31 per cento, ristoranti e alberghi del 18 e 15 per cento, rispettivamente. I prezzi dei prodotti industriali, invece, sono aumentati solo del 6 per cento, meno di 1,5 per cento l'anno.

Questa diversa crescita dei prezzi si è puntualmente riflessa in una diversa redditività delle nostre aziende. Nel settore dei servizi la redditività prima delle imposte (misurata dalla mediana dei rapporti tra utile e patrimonio netto) è stata, nel 2003, superiore al 20 per cento, con punte del 33 per cento nel caso delle attività immobiliari e dei servizi professionali. Al confronto, la redditività pre imposte delle aziende manifatturiere è stata del 13 per cento. Osservano i ricercatori di Unicredit:

> I settori che sono in grado di generare maggiori profitti sono quelli meno esposti alla concorrenza o che operano in regime di quasi monopolio, come le *utilities* (ove peraltro opera la maggior parte delle grandi imprese e che spiega almeno in parte il loro recupero di redditività), mentre i settori più esposti alla concorrenza, in particolare l'industria manifatturiera, ha sofferto una sensibile riduzione della profittabilità.[1]

In Germania, dove l'inflazione è un terzo che in Italia, per salvaguardare il poter d'acquisto dei salari, basta che questi crescano dell'uno per cento l'anno: in Italia devono crescere tre volte di più. Il risultato è che in pochi anni la quota delle nostre esportazioni sul commercio mondiale è scesa dal 5 al 3 per cento. E non per colpa dell'euro: nello stesso periodo le imprese tedesche hanno guadagnato quote di mercato. È il trasferimento di ricchezza dal settore produttivo dell'economia a chi vive di rendita che sta affossando l'industria italiana.

Non bisogna poi sorprendersi se molti imprenditori si spostano verso i servizi e se i giovani scelgono corsi di laurea che li avviano a professioni protette.

Le corporazioni e i diritti negati dei consumatori[2]

Perché è tanto faticoso per un anziano fare la spesa e acquistare una medicina? Lo sarebbe meno se potesse trovare l'aspirina in un supermercato, dove ci fosse anche un farmacista con un banco di medicinali, e se l'anziano, che spesso non guida, potesse usare il taxi a buon mercato. Ma è impossibile per via di regole in difesa delle rendite di farmacisti e taxisti.

Secondo il ministro Marzano non è colpa del Governo: «Il commercio è diventato materia esclusiva delle regioni: ho le mani legate». Il cittadino assiste sconsolato al palleggio delle responsabilità. Il Governo avrebbe gli strumenti per opporsi alla prepotenza delle regioni.

Nel 2002, ad esempio, lo Stato regalò il più grande acquedotto d'Europa alla Puglia, chiedendo solo l'impegno a privatizzarlo entro sei mesi; ma le procedure continuano a essere rimandate. Il Governo, anziché contestare la violazione del contratto, non batte ciglio, e intanto la Puglia, la cui situazione finanziaria non è florida, batte cassa a Roma.

Il disegno di legge di riordino delle professioni intellettuali (commercialisti, architetti, notai) presentato dal Governo Amato nel 2000, che pure pareva scritto più per confermare i diritti esistenti che per riformare uno dei settori meno concorrenziali della nostra economia, giace in un cassetto. Contro di esso sono scesi in trincea i parlamentari della Casa delle Libertà: non perché fosse troppo blando, come sarebbe stato ragionevole attendersi, ma per difendere i pochi privilegi che esso cancellava. L'unica speranza è che la riforma sia imposta della Commissione europea: speravamo che un Governo liberista ci arrivasse da solo.

I professori universitari godono di molti privilegi. Non solo pensioni di anzianità; possono anche insegnare sino a settant'anni e, in seguito, andare fuori ruolo per due anni mantenendo lo stipendio pieno. Il ministro Letizia Moratti aveva promesso una riforma dei concorsi universitari che oggi sono una burla. Basterebbe poco, anche solo limitare a uno il numero di vincitori quando il posto disponibile è uno solo, ma nemmeno di questo il ministro sinora è stato capace.

Un Governo che avesse il coraggio di togliere a queste corporazioni qualche privilegio, che impedisse ai tribunali civili di chiudere da metà luglio a metà settembre, sarebbe più credibile quando, giustamente, chiede che i lavoratori dipendenti rinuncino ad andare in pensione a cinquantasei anni con il metodo retributivo. E, invece, gli interessi delle categorie potenti sono intoccabili e si resta attoniti di fronte all'incapacità del Governo di far prevalere l'interesse comune.

Il rimedio della concorrenza[3]

Un filo ideale collega i macchinisti della metropolitana milanese ai controllori di volo, ai farmacisti, ai notai, ai conduttori di taxi, agli addetti ai bagagli dell'aeroporto di Fiumicino: l'assenza di concorrenza, cioè di servizi alternativi ai quali i cittadini possono rivolgersi. Un anno fa il sindaco di Milano annunciò che avrebbe aumentato il numero delle licenze di taxi: l'aeroporto di Linate venne bloccato per giorni, finché Albertini fu costretto a mettere la delibera in un cassetto. Alcuni mesi fa scrissi che forse si sarebbe potuta vendere l'aspirina nei supermercati: fui inondato da e-mail di farmacisti che mi mettevano in guardia contro il pericolo che, lasciati a se stessi e con prezzi più bassi, i cittadini avrebbero fatto indigestione di aspirina. Mi chiedo ancora perché non sia possibile eliminare l'obbligo della firma di un notaio per il trasferimento di proprietà di un'auto usata. La forza di queste corporazioni dipende dalla loro impunità: se l'impresa è un monopolista o, come i farmacisti, fa parte di un cartello, trasferirà i maggiori costi sui consumatori; se è pubblica, e perde, pagherà Pantalone.

Negli stabilimenti Fiat è in atto una ristrutturazione dalla quale dipende la sopravvivenza dell'azienda: è un'operazione dolorosa per i molti lavoratori messi in cassa integrazione, eppure non si ha notizia di scioperi, blocchi, sabotaggi. Di fronte all'impunità i sindacati sono perdenti: se per spuntarla basta essere determinati, a vincere sono sempre i più duri. Da quando Fiat ha perso la sua posizione predominante i Cobas non sono più a Mirafiori, ma a Fiumicino e nei depositi dell'Atm.

Anche dove c'è poca concorrenza alzare bandiera bianca non è inevitabile: il punto di svolta più significativo, il momento nel quale partì la grande ristrutturazione dell'economia americana fu la decisione del presidente Reagan di sostituire i controllori di volo in sciopero con militari dell'Aeronautica. In Italia sarebbe anche più facile: con il radar del Monte Generoso, in Svizzera, è possibile controllare gran parte dello spazio aereo italiano. Cedere invece è deleterio: non è un caso che l'episodio di ieri a Fiumicino sia avvenuto due giorni dopo la resa incondizionata dell'Atm a Milano.

I tassisti a New York sono afghani, curdi, vietnamiti. Milano ha una grande comunità di cittadini dello Sri Lanka, il Paese del Sudest asiatico con il livello di educazione più elevato; ma perché non capita mai di incontrare un cittadino di questi Paesi alla guida di un tram, di un taxi o della metropolitana, mentre ormai nelle imprese di Castelfranco Veneto i lavoratori italiani sono una minoranza?

I conti di un processo poco civile[4]

Diversamente dai temi attinenti la giustizia penale (i processi famosi, le discussioni sull'indipendenza dei magistrati e sulla riforma delle procedure), scarsa attenzione viene dedicata ai problemi della giustizia civile. E tuttavia la tutela dei diritti di proprietà – di questo soprattutto si occupa la giustizia civile – è condizione necessaria per il buon funzionamento di un sistema economico. Le relazioni economiche sono infatti condizionate non solo dal quadro legale entro cui esse si svolgono, e cioè dalle leggi esistenti, ma anche, e in particolar modo, dall'efficienza con cui i tribunali garantiscono il rispetto dei diritti che da tali leggi derivano. Una tutela inadeguata aumenta i costi di una relazione economica, ad esempio perché le parti dovranno prevedere il ricorso a costose procedure di arbitrato privato, oppure spostare all'estero il contratto così che esso possa essere tutelato dai tribunali di Paesi in cui la giustizia civile è più efficiente. (È significativo che in occasione dei grandi prestiti internazionali, o delle maggiori privatizzazioni, lo Stato italiano sia spesso costretto a firmare contratti sottoposti alla tutela non di un tribunale italiano, ma della corte di New York.)

La durata media di un procedimento di esecuzione giudiziaria, in caso di insolvenza del debitore, è di tre-cinque anni in Italia, due-tre mesi in Olanda, quattro-sei mesi in Danimarca, inferiore all'anno in Francia, poco più di un anno in Germania. Le spese legali incidono per il 20 per cento del valore dell'immobile ipotecato in Italia, 3-4 per cento in Danimarca, 6 per cento in Germania, 10 per cento in Francia. Dati raccolti dalla Banca d'Italia mostrano che nel nostro Paese, per liquidare una garanzia bancaria, sono necessari in media sei anni, e la banca recupera meno del 50 per cento del credito concesso. Gli stessi numeri per gli Stati Uniti sono, rispettivamente, quindici mesi e l'80 per cento. L'efficienza nel far rispettare le leggi non è uniforme da una regione all'altra. I tribunali sono più solleciti al Nord che al Sud: una causa di fallimento viene risolta in nove anni a Palermo, in tre ad Aosta.

Business International, una società del gruppo Economist, ha compilato una classifica dell'efficienza e integrità del sistema giudiziario nel proteggere i diritti delle imprese. In una scala da 1 a 10, l'Italia raggiunge un punteggio di 6,75, la media europea è 9,5; in Europa l'Italia ha il punteggio più basso: quello della Grecia è 7. Il punteggio dell'Italia corrisponde alla media dei Paesi dell'America Latina.

I tempi della giustizia producono effetti economici rilevanti. Da una ricerca dei professori Marco Pagano, Tullio Jappelli, Luigi Guiso e Magda Bianco si apprende che nelle province in cui i tempi dei procedimenti sono più lunghi le banche applicano tassi più elevati: a parità di altre condizioni, i tassi sui prestiti sono fino a due punti più elevati nelle province in cui i tribunali sono meno efficienti rispetto a quelle in cui lo sono di più. Inoltre l'aspettativa che i tempi della sentenza saranno lunghi, e tali da indurre la controparte a ricercare una soluzione extragiudiziaria, aumenta la litigiosità.[5] Si è così creato un circolo vizioso: meno efficienti sono i tribunali, maggiore è il numero delle cause a essi sottoposte, minore la loro possibilità di esperirle celermente.

Per quali motivi? Uno è l'incapacità della politica di prendere decisioni nette, con la conseguenza di trasferire nei tribunali il contenzioso che nasce da leggi non chiare: un esempio è il mercato delle locazioni e le controversie fra padroni di casa e inquilini; un altro, recente, è la richiesta, per molti versi assurda, che sia il pretore a decidere in merito alle cure del dottor Di Bella. Vi sono poi gli effetti di Tangentopoli: lo spostamento di magistrati dai tribunali civili a quelli penali, per far fronte ai processi di corruzione, ha allungato significativamente i tempi della giustizia civile.

La Commissione tecnica per la spesa pubblica ha sottoposto al ministro di Grazia e Giustizia alcune proposte concrete: stabilire che chi perde una causa sia costretto a pagare tutte le spese (oggi i giudici tendono invece a compensarle fra le parti) in modo da dissuadere dal ricorrere in giudizio anche quando si sa di avere torto; introdurre un meccanismo "a orologeria" per gli avvocati: si definisce il tempo standard del processo, e il compenso dell'avvocato scende se la durata della lite eccede questo standard.

Le tariffe degli avvocati[6]

«I servizi professionali rappresentano per le imprese un costo elevato, fino al 9 per cento dei costi complessivi, il 6 per cento in media», ricorda spesso il presidente dell'Antitrust, Tesauro.

La procedura seguita per rivedere il tariffario degli avvocati dimostra la validità dell'affermazione. Prima il Governo delega la proposta di riforma del processo civile a una commissione, la Vaccarella, di avvocati e magistrati, cui partecipa il consiglio Nazionale Forense, che rappresenta gli interessi degli avvocati, ma nessuno che rappresenti quelli di chi si rivolge ai tribunali civili. La riforma che la commissione propone, e che il Governo fa propria, sottrae ai tribunali la fase di istruzione delle cause per trasferirla negli studi dei difensori, apparentemente per migliorare l'economia dei processi, ma in realtà amplificando le possibilità di complicare e dilatare lo svolgimento della contesa in tale fase, senza incrementare sostanzialmente la speditezza di quelle successive. Uno dei risultati è che si moltiplicheranno le memorie richieste agli avvocati.

Passa qualche tempo e il consiglio Forense propone un nuovo tariffario nel quale l'aumento del costo di una memoria è del 150 per cento (125 per cento al netto dell'inflazione verificatasi da quando fu approvato il precedente tariffario). Il consiglio di Stato (parere del 26 gennaio scorso, n. 4061/03) solleva qualche perplessità e invita gli avvocati a ripensarci: chissà, forse si accontenteranno di un aumento del 100 per cento.

Finché l'attività delle professioni (tariffe, pubblicità, esami di accesso agli ordini) sarà fissata per legge, c'è poco spazio per la concorrenza. Lo ha capito anche la Commissione europea che, quando ha tentato di imporre alle professioni le regole della concorrenza, è stata fermata dalla corte di Giustizia (caso Arduino-Wouters, febbraio 2002). L'unica strada è accettare il principio che un'attività professionale equivale a un'impresa e deve essere sottoposta alle medesime regole.

L'articolo 4 dello schema di decreto legislativo di attuazione dell'art. 117 della Costituzione, predisposto dal ministro La Loggia, stabilisce un principio importante: «Ai fini della concorrenza l'attività professionale è equiparata all'attività d'impresa». Peccato che sia mancato il coraggio di fermarsi lì, e si aggiunga: «salvo quanto previsto dalle leggi in materia di professioni intellettuali», un «salvo» che può facilmente vanificare le prime due righe dell'articolo. E d'altronde all'articolo 2 c si scrive: «Sono di competenza legislativa esclusiva dello Stato [...] le tariffe, la pubblicità e i concorsi per notai». Una previsione che pare scritta apposta per rendere impossibile a Bruxelles intervenire.

Per il momento, salvo la dichiarazione di principio dell'articolo 4, il decreto governativo sembra solo confermare l'esistente: ma si è aperta una strada, e non è detto che notai, architetti, avvocati e commercialisti debbano averla sempre vinta.

Perché la giustizia civile è tanto lenta?[7]

Le regole di svolgimento del processo civile (in particolare, le prove e la definizione del contenuto delle controversie) confe-

> riscono ampi poteri di gestione del procedimento giudiziario alle parti e ai loro difensori, mentre la formula, definita per legge, che determina gli onorari degli avvocati incentiva questi ultimi a utilizzare tali poteri di gestione per allungare il più possibile i processi. Gli incentivi distorti legati alla formula di determinazione dell'onorario degli avvocati sono stati un impedimento risolutivo in ogni tentativo di riforma del rito civile che preveda una sostanziale riduzione del numero di udienze.[8]

Questa affermazione ha suscitato molti commenti da parte degli avvocati. L'obiezione più frequente riguarda la tesi, che abbiamo sostenuto, che la formula (stabilita per legge) di determinazione dell'onorario costituisca un incentivo ad allungare i tempi dei processi civili. Se confrontato con quello di altri Paesi europei, l'onorario degli avvocati italiani, in proporzione al valore della causa, non è alto. Mentre l'Italia è il Paese dell'Ue nel quale la durata processuale è più lunga (70 per cento in più della media Ue e più del doppio della durata media in Paesi come Germania e Regno Unito), i costi processuali sostenuti dalle parti in causa sono più bassi: la spesa per andare in giudizio infatti non solo è inferiore alla media europea (del 46 per cento circa se l'oggetto della disputa ha un valore intorno ai 50.000 euro, del 61 per cento se il valore è di 200.000 euro), ma è meno di un ottavo di quella del Regno Unito, il Paese nel quale i costi privati della giustizia sono più alti. Il problema italiano dunque non è nel livello degli onorari, bensì nel modo perverso in cui la legge impone di determinarli, modo che influenza il comportamento dell'avvocato determinando l'interesse a far durare il processo il più a lungo possibile.

In Germania, ad esempio, gli avvocati sono remunerati un tanto a causa (e a parità di causa il loro compenso è più elevato di quello dei loro colleghi italiani): questo evidentemente li incentiva a chiudere le controversie il più rapidamente possibile, anche favorendo l'accordo tra le parti senza attendere il giudizio. Il punto non è quello di ridurre il potere delle parti sull'articolazione e lo svolgimento del processo: questo potrebbe comportare minori garanzie senza necessariamente accorciare i tempi. Una riforma efficace deve innanzitutto separare nettamente il sistema di compenso degli avvocati dalle caratteristiche di svolgimento delle cause: solo una volta realizzata questa separazione sarà possibile introdurre una riforma dei processi che consenta di abbreviare i tempi senza sacrificare le garanzie di difesa delle parti. Con questo non vogliamo dire che le tariffe siano l'unica causa della lentezza della giustizia civile. È certamente importante intervenire sull'efficienza dell'organizzazione del sistema giudiziario e sugli incentivi per accrescere la produttività dei magistrati. Nell'attuale organizzazione dei procedimenti civili, tuttavia, il giudice ha di fatto poteri di Governo solo quando il processo volge verso la conclusione.

Introdurre incentivi di produttività sui magistrati senza prima aver modificato il processo è quindi in larga misura inutile. Ma modificare le regole del processo, senza aver prima cambiato le tariffe, significherebbe trasferire l'intero costo della riforma sugli avvocati, riducendone significativamente il reddito, ed è quindi impossibile per la loro giustificata opposizione. Infine l'opacità indotta da questo sistema di tariffe finisce per proteggere gli avvocati meno corretti e preparati a scapito della crescita professionale della categoria. E questo quando la riforma del diritto societario richiede nuove competenze per evitare che gli incarichi più interessanti e redditizi, ad esempio la stesura degli statuti delle società di capitali, finiscano per essere esclusiva riserva degli studi anglosassoni, sempre più numerosi in Italia.

Se il ministro liberalizza gli ordini[9]

La vera novità del documento di programmazione economico-finanziaria 2005-2007, presentato in Parlamento dal ministro Domenico Siniscalco, non è l'operazione trasparenza, l'ammissione che per riportare in equilibrio i conti pubblici servono due Finanziarie da 40 miliardi di euro, 24 quest'anno e 16 il prossimo, e questo prima ancora di pensare a ridurre le tasse. La vera novità è l'affermazione che «una politica di tagli senza un disegno di sviluppo provocherebbe un violento rallentamento dell'economia, vanificando la possibilità di equilibrare i conti» e che quindi «interventi volti a promuovere la concorrenza, quali le liberalizzazioni e la riforma delle professioni, sono inscindibili dal programma di stabilizzazione della finanza pubblica». Mi sembra di sognare.

Solo un mese fa il ministro Castelli, dal quale dipendono gli ordini professionali, diceva: «La Commissione europea e l'antitrust vorrebbero abolire gli ordini; noi invece siamo impegnati a difenderli perché pensiamo che gli ordini e tutto il ricco mondo delle professioni siano un patrimonio fondamentale della nostra società, che garantisce un insostituibile apporto all'economia del Paese». E in maggio Berlusconi scriveva al presidente del Comitato unitario delle professioni: «Noi pensiamo che il sistema degli albi professionali regolato per legge sia molto meglio del sistema delle libere associazioni di professionisti presenti nei Paesi anglosassoni».

Se volete aprire un'azienda di spedizioni dovete prima iscrivervi all'albo degli spedizionieri doganali (istituito nel 1960 e confermato con la legge 213 del 2000), cioè sostenere un esame e poi corrispondere ogni anno all'ordine degli spedizionieri una tangente, pardon, una quota associativa. Un infermiere extracomunitario che voglia lavorare in Italia può liberamente arrivare a Milano: ma poi, per lavorare, deve chiedere l'iscrizione all'albo degli infermieri professionali. L'unica funzione dell'albo è di regolare l'afflusso per evitare che gli infermieri nostrani abbiano a subire troppa concorrenza. Se amministrate un supermercato, provate a vendere dell'innocua aspirina: arriverà la guardia di Finanza per verificare che siete iscritti all'albo dei farmacisti. E così la domenica, quando i supermercati sono aperti e la maggior parte delle farmacie chiuse, gli anziani devono vagare per la città alla ricerca di una confezione di aspirina.

Gli albi sono istituiti per legge e le tariffe regolate dal ministero competente. Che non vi venga in mente di farvi un po' di pubblicità per attirare nuovi clienti, magari offrendo prezzi vantaggiosi: gli albi vietano agli iscritti di farsi pubblicità. Ma gli ordini possono fare anche danni maggiori: l'avvocato Maria Grazia Siliquini, sottosegretario all'Istruzione e un alfiere degli ordini, ha recentemente comunicato alle università che non si illudano di applicare le nuove regole che prevedono l'autonomia dei singoli atenei: i programmi degli studi dovranno tener conto del parere degli ordini competenti. Nel caso della laurea in giurisprudenza il ministero, sentiti gli ordini, ha già deciso, e l'autonomia delle università è stata di fatto cancellata: i programmi dovranno privilegiare i corsi di diritto romano e dell'antichità, e di storia del diritto medievale, a scapito dei corsi in economia, scienza delle finanze e diritto tributario.

Non c'era una grave carenza di giudici con competenze economiche? Vorrei rivolgere una preghiera a Berlusconi, a Castelli, ai deputati e senatori della maggioranza: quando approverete il Dpef, leggetelo bene. Se sulle liberalizzazioni e sugli ordini professionali la pensate diversamente dal ministro dell'Economia, abbiate il coraggio di dirlo.

Concorrenza e inflazione[10]

Allarmato da un piccolo aumento dell'inflazione, il Governo ha annunciato che congelerà per decreto le tariffe di alcuni servizi pubblici. Per accontentare i sindacati, il presidente del Consiglio dice anche che alzerà il tasso di inflazione programmato, e cioè l'indice del costo della vita che viene usato per determinare salari e stipendi nei contratti di lavoro.

Sono errori gravi: il blocco delle tariffe avrà un effetto trascurabile sull'inflazione, e farà compiere un passo indietro di quasi dieci anni al processo di delega della regolamentazione dei servizi pubblici ad autorità indipendenti. Alzare il tasso di inflazione programmato farà crescere ancor più i prezzi. Sorprende che interventi tanto dirigisti vengano proposti da un Governo che ogni giorno, a parole, si dichiara liberista. Il Governo ha una sola arma per combattere l'inflazione: la concorrenza. Inizi a usarla e vedrà quanto rapidamente scenderanno i prezzi.

A New York non accade mai di salire su un taxi guidato da un americano bianco ed evidentemente benestante. La maggior parte dei taxi sono guidati da immigrati recenti: russi, afghani, polacchi, ucraini. Certo, talvolta sbagliano strada e le automobili sono vecchie carrette, non Mercedes ultimo modello, ma, in rapporto al costo della vita a New York, i prezzi sono la metà che a Milano. Come si fa? Basta non ingessare tutto con licenze, turni e autisti contingentati. E se poi i cittadini protestano perché il taxi è guidato da una persona che a stento parla italiano, si può indire un referendum: se la maggioranza vuole le Mercedes, poi non potrà lamentarsi dei prezzi.

Anche i negozi di frutta e verdura a New York sono tutti gestiti da immigrati, in questo caso coreani. Sono aperti praticamente sempre: la tenda viene abbassata solo tra mezzanotte e l'alba, quando i negozianti riposano nel retrobottega. A New York, non a Bangkok. E spesso non trovi solo frutta e verdura, ma anche il giornale e l'aspirina. Ve ne sono molti perché il rapporto qualità-prezzo è migliore che al supermercato. Anche qui un problema di licenze e di regolamentazione degli orari di apertura.

Negli Stati Uniti non esistono i notai: per acquistare un'automobile usata basta aggiungere i propri dati al libretto della macchina. Anche per acquistare una casa non c'è bisogno del notaio: certo, l'acquisto è più rischioso, perché la casa potrebbe essere ipotecata, ma è l'acquirente che decide se affidarsi a un professionista che lo garantisca. Se vuole correre il rischio, o se si fida del venditore, magari un suo parente, non è obbligato a pagare una ricca parcella a un inutile notaio. Un tempo in Italia era proibito acquistare un apparecchio telefonico: si poteva solo affittarli dalla Sip; anche le prese telefoniche potevano essere installate solo dagli operai della stessa Sip, e per ogni presa in più si pagava un supplemento in bolletta. Erano pochi gli appartamenti con più di un apparecchio. Oggi un telefono costa qualche decina di euro e ciascuno può aggiungere prese a volontà. Se non c'è un telefono in ogni stanza è solo perché i cellulari costano ancora meno. Tutto grazie alla concorrenza e alla liberalizzazione.

Con l'euro ci può essere un solo tasso di inflazione programmato: quello stabilito dalla Banca centrale europea, tra l'1,5 e il 2 per cento. Tranne che per la concorrenza, il Governo non controlla più l'inflazione. Annunciare un tasso di inflazione programmato superiore al 2 per cento è come dire che si accetta che l'Italia perda competitività in Europa. Che lo chieda un sindacato che protegge solo gli occupati e i pensionati lo si può anche comprendere. Che lo faccia il Governo è davvero sorprendente.

Prezzi e rendite[11]

C'è un'anomalia italiana nei dati sull'inflazione nei Paesi dell'euro. L'inflazione media europea, che è vicina al 2 per cento, nasconde due realtà molto diverse: da un lato i Paesi con un reddito pro capite ancora sotto la media (Spagna, Portogallo, Grecia e Irlanda), dove l'inflazione è relativamente alta, fra il 3 e il 4 per cento; dall'altro i Paesi più ricchi (in primis, Germania e Francia), dove l'inflazione è tra l'1 e l'1,5 per cento. L'inflazione relativamente elevata del primo gruppo di Paesi non è sorprendente: i Paesi relativamente più poveri partono con prezzi e salari più bassi, e parte del processo di crescita comporta l'adeguamento dei prezzi a quelli dei Paesi ricchi, il che significa più inflazione finché il loro livello di reddito ha raggiunto quello dei Paesi più ricchi. La stabilità dei prezzi nell'area dell'euro va valutata guardando ai Paesi che già sono ricchi, come Francia e Germania: qui la preoccupazione è se mai l'opposto, che la bassa inflazione sia il sintomo di un'economia ancora in stagnazione.

L'Italia è ricca più o meno come Germania e Francia, cresce, o meglio non cresce, come quei due Paesi, ma ha un'inflazione da Paese relativamente povero. Da che cosa dipende questa anomalia? La risposta sta nei dati sul diverso andamento dei prezzi nel settore dei servizi e in quello dei beni manufatti. Dal gennaio 2001 l'inflazione nei servizi non è mai scesa sotto il 3 per cento, mentre nel settore dei beni manufatti il tasso di inflazione si è quasi sempre mantenuto sotto il 2 per cento. Il dato odierno sull'aumento dei prezzi dei servizi di telefonia fissa conferma questo andamento. L'immagine che ne emerge è quella di un Paese con due volti: da un lato un settore manifatturiero ormai perfettamente integrato nell'economia europea, dove le aziende non possono usare i listini prezzi per far fronte a un divario di produttività: se non ce la fanno a tenere la concorrenza perdono quote di mercato, come dimostrano le vicende della Fiat che ora sta tentando di recuperare terreno. Dall'altro un settore di servizi protetti dalla concorrenza esterna, dove i prezzi sono la variabile sulla quale si scaricano le inefficienze, oppure, per dirla più chiaramente, l'aumento dei prezzi, è il meccanismo attraverso il quale questo settore fa pagare ai consumatori le proprie ricche posizioni di rendita.

Provate ad acquistare un'auto usata e a cercare un notaio che apponga la firma necessaria per il passaggio di proprietà a un prezzo inferiore a quello stabilito dall'ordine. Oppure chiedete a un immigrato filippino, che fa l'autista privato, perché non riesce ad avere la licenza necessaria per guidare un taxi. Tra le rendite difese dalla chiusura dei mercati (in questo caso europei, non italiani) ci sono anche quelle che riguardano l'agricoltura: a un cambio di 3 pesos per dollaro mettere sul mercato un po' di carne argentina farebbe crollare almeno un prezzo – e aiuterebbe il Governo argentino a rimborsare i titoli di qualche nostro risparmiatore.

Il «silenzio assordante sulle liberalizzazioni», come lo ha efficacemente definito Carlo Scarpa su <www.lavoce.info>, è la più grande delusione di questo Governo, che a parole non perde occasione per definirsi «liberista»: «Nel settore dell'energia», dice Scarpa, «continuiamo a essere "liberi" di acquistare il gas dall'Eni», mentre Telecom Italia copre circa l'80 per cento del mercato italiano della telefonia fissa. Quanto alle libere professioni, Berlusconi e i suoi ministri sembrano essersi dimenticati che il loro compito dovrebbe essere quello di difendere i consumatori, non le rendite dei professionisti. Non ci rimane che sperare nella scure del commissario europeo alla Concorrenza Mario Monti: smantellare un po' di rendite in questo settore sarà ancor più difficile che ostacolare gli aiuti pubblici francesi ad Alstom.

Appunti per il ministro[12]

C'è uno scetticismo diffuso riguardo la possibilità che il nuovo ministro dell'Economia, Domenico Siniscalco, possa rilanciare la politica economica del Governo: se non lo ha fatto nei tre anni che ha condiviso con Giulio Tremonti, perché dovrebbe riuscirci proprio ora, con un Governo che, se va bene, sopravvivrà diciotto mesi durante i quali si svolgeranno due campagne elettorali? Io penso che sia un errore arrendersi a questa prospettiva, per una semplice ragione: l'Italia non sopravvivrebbe ad altri diciotto mesi di latitanza della politica economica. È possibile che alla fine il centrosinistra avrebbe più chance di vincere le elezioni, ma solo un centrosinistra irresponsabile potrebbe augurarsi un ulteriore deterioramento della situazione economica e della finanza pubblica. Il compito è reso ancor più difficile da un'altra circostanza: il motivo per cui Berlusconi ha scelto Siniscalco e non Mario Monti è che il nuovo ministro, contrariamente a Monti, si è impegnato a ridurre le tasse. Il problema sembrerebbe davvero senza soluzione e, tuttavia, io credo che una via d'uscita ci sia.

La quadratura del cerchio richiede due interventi: una scelta politica in materia di privatizzazioni e il rilancio in sede Ue della riforma del patto di Stabilità, accogliendo un'idea che stava scritta nel programma dell'Ulivo per le elezioni europee (quello elaborato da Giuliano Amato). L'argomento che Tremonti ha usato contro le privatizzazioni è che i nostri capitalisti non sono meglio dello Stato. Guardate Finmeccanica: sotto la guida del Tesoro è oggi la sola azienda italiana presente nell'industria aerospaziale; siamo sicuri che privatizzata avrebbe avuto altrettanto successo?

L'argomento ha un suo fascino, ma l'Italia può ancora permettersi uno Stato imprenditore? Data la situazione del debito pubblico, evidentemente no. Quindi occorre riprendere le privatizzazioni. La maggiore, il 60 per cento di Enel, vale 24 miliardi e, poi, il 32 per cento di Finmeccanica, tutte le minori, dal Poligrafico dello Stato a Cinecittà, la Consap e infine la più innovativa, il collocamento di una società costruita fondendo Banco Posta e Cassa Depositi e Prestiti. Queste privatizzazioni non cancellerebbero il debito, ma lo ridurrebbero di un ammontare significativo, almeno per i mercati.

L'idea di Amato per un nuovo patto di Stabilità è legare la soglia del 3 per cento ai cosiddetti obiettivi di Lisbona, il programma che l'Ue si è data per rivitalizzare l'economia europea: violazioni delle regole del patto sarebbero ammesse solo per chi dimostra di aver fatto progressi concreti nella riduzione del debito e sugli obiettivi di Lisbona. Ecco un breve elenco di interventi a costo zero: per tagliare i costi dei servizi alle imprese, liberalizzare le professioni e aprire il mercato bancario alla concorrenza estera, cioè approvare la legge sul risparmio trasferendo alcune competenze dalla Banca d'Italia all'Antitrust; sulla ricerca, prima di spendere, cambiare le regole: abolire il valore legale delle lauree, abolire i concorsi universitari, liberalizzare le tasse universitarie, finanziare solo quei dottorati che si impegnano a esporre i loro studenti sul mercato accademico internazionale; modulare i trasferimenti ai comuni in funzione di quanto fanno per liberalizzare le licenze (in primis i taxi) e per vendere le ex municipalizzate. Io penso che un'azione decisa in questi campi muterebbe radicalmente l'opinione dei mercati e dell'Ue sulla nostra finanza pubblica. Probabilmente vi sarebbe anche un po' di spazio per ridurre l'Irpef, certo per eliminare l'Irap tagliando i contributi alle imprese. «La Casa delle Libertà non accetterà mai di mettersi contro i notai»: non sta al ministro dell'Economia deciderlo, la sua responsabilità è presentare un piano coerente. Se poi in Parlamento lo vota l'opposizione e non la maggioranza, starà agli elettori trarne le conseguenze.

Note

1. Unicredit, Banca d'impresa, Scenari Economici I, 2005.
2. «Corriere della Sera», 18 agosto 2003.
3. «Corriere della Sera», 17 gennaio 2004.
4. «Corriere della Sera», 27 aprile 1998.
5. Un fenomeno evidenziato da Daniela Marchesi, *L'inefficienza della giustizia civile: conseguenze sull'economia*, il Mulino, Bologna 1999.
6. «Corriere della Sera», 26 marzo 2004.
7. «Corriere della Sera», 21 agosto 2003, con D. Marchesi.
8. «Corriere della Sera», 18 agosto 2003. La frase viene ripresa da uno studio di Daniela Marchesi, <www.lavoce.info>, illustrata più diffusamente in *Litiganti, avvocati e magistrati*, il Mulino, Bologna 2003.
9. «Corriere della Sera», 3 agosto 2004.
10. «Corriere della Sera», 27 agosto 2002.
11. «Corriere della Sera», 24 settembre 2003.
12. «Corriere della Sera», 19 luglio 2004.

2
Scuola, università, ricerca

Non si cresce senza ingegneri[1]

In Italia investire nei servizi rende il doppio che nell'industria (il 25 per cento contro il 10 per cento, secondo i dati di Mediobanca), ma non perché le nostre imprese non sappiano più produrre motori, ingranaggi, oggetti di design industriale, e sono improvvisamente diventate bravissime nel produrre servizi. Televisioni, banche, autostrade, il gas dell'Eni (ma anche gli edicolanti e i notai) guadagnano solo perché sono blindati da una regolamentazione, scritta per proteggerli ai danni dei consumatori (osservate come si muove in Borsa il titolo della società Autostrade ogniqualvolta il Governo rivede le tariffe, e confrontatelo con ciò che accade a Londra quando il Governo mette all'asta, anziché regalarle, le frequenze televisive). Purtroppo è un'Italia che cresce a danno di quelle aziende che, con grande fatica, cercano ancora di esportare e competere sui mercati internazionali.

Si avvicinano gli esami di maturità: per i ragazzi è il momento di decidere la facoltà cui iscriversi. Le scelte sono sconsolanti. L'anno scorso, a fronte di 14.289 iscritti a corsi di laurea in scienza delle comunicazioni, le matricole in matematica e fisica erano meno di 4.000, quelle in chimica 2.347. Come ha scritto Guido Guerzoni sul primo numero di «Zero», la bella rivista diretta da Giuliano da Empoli, «grazie alla retorica della creatività e della società dell'entertainment abbiamo un fisico per ogni partecipante alle selezioni del *Grande fratello*». All'università di Bari, su 9000 iscritti, solo in 50 hanno scelto matematica, 62 chimica e 2000 giurisprudenza. Al Politecnico di Milano i più si iscrivono al corso di ingegneria gestionale, vogliono tutti diventare manager: progettare il disco di un freno, anche se per le Ferrari, è considerata un'attività *passé*. Ma chi ci consente di pagare il petrolio che importiamo? Certo non le banche, le assicurazioni, gli avvocati e tutte le aziende che producono servizi che si vendono esclusivamente sul mercato interno.

Fortunatamente c'è un'Italia diversa. All'università di Pavia gli iscritti a facoltà scientifiche sono uno su quattro, a giurisprudenza solo il 10 per cento, a scienza delle comunicazioni il 4 per cento. E molti fra loro provengono dal Mezzogiorno, avendo capito che una società fatta solo di avvocati, notai, commercialisti e comunicatori non ha futuro.

Lo scorso anno alcuni fisici dell'università della California sono riusciti a controllare un esperimento di fusione nucleare, il primo passo verso il sogno, forse non più irrealizzabile, di un'energia pulita, in quantità praticamente illimitata e quasi gratis. È presto per farsi illusioni, ma se il progetto avanzerà, la tecnologia delle nuove centrali elettriche sarà progettata dall'Enel: evidentemente i nostri ingegneri elettrotecnici, seppur sempre più rari, godono ancora di un'ottima reputazione. Così come i loro colleghi aerospaziali dell'Agusta Westland, l'azienda di Finmeccanica dove è stato progettato l'elicottero che un mese fa ha vinto la gara della U.S. Navy per la Casa Bianca.

L'occasione perduta[2]

Le dimissioni unanimi dei rettori potevano essere l'occasione per avviare una riflessione seria sullo stato delle nostre università, i cui problemi dipendono solo in parte dalla scarsità di risorse pubbliche che l'Italia dedica alla ricerca. Anche a questo servono i gesti plateali. Ma se il Governo, come pare, chiuderà il caso concedendo qualche soldo in più, e se i rettori si accontenteranno, l'università avrà perso un'altra occasione.

Restituire agli atenei le risorse che la Finanziaria aveva tagliato significa ricondurli alle condizioni nelle quali si trovavano prima dei tagli: ne vale la pena? A leggere l'ampio rapporto sulla ricerca italiana presentato nei giorni scorsi da Confindustria, e l'analogo studio sulle nostre università, presentato un anno fa, sembrerebbe proprio di no. Davvero i rettori pensano che bastino un po' di soldi in più per cambiare le cose? Le risorse di cui dispongono le università dipendono dal Governo, ma la loro organizzazione dipende dai rettori. Due fattori, prima ancora dei soldi, sono alla radice dei problemi: la proliferazione delle sedi, che ha distribuito le risorse a pioggia, un po' dovunque in Italia, e il reclutamento dei professori. Della prima i rettori non sono direttamente responsabili, perché le università sono istituite per legge. Ma ciò che essi potrebbero almeno fare è impedire che ciascuna nuova sede replichi ciò che già esiste, spesso a pochi chilometri di distanza.

Solo nelle università del Nord esistono diciassette dipartimenti o istituti universitari di studi classici (latino e greco): più che in Inghilterra. I dipartimenti di matematica sono diciannove. Bisogna stupirsi se talvolta i corsi tenuti in queste sedi hanno meno studenti che dita di una mano? E se le biblioteche non hanno i soldi per acquistare i libri? Non ho mai letto di un rettore che abbia deciso di chiudere un dipartimento, accorpandolo a quello di una sede vicina.

I dati che emergono dai concorsi universitari sono disarmanti. L'89,3 per cento dei nuovi professori ordinari assunti tra il 1999 e il 2002 sono candidati interni promossi di grado. La percentuale per i professori associati è il 76 per cento. E il fenomeno non riguarda solo le università del Sud, che devono promuovere gli interni perché pochi sono disposti a trasferirvisi: nella mia università, la Bocconi, le percentuali non sono sostanzialmente diverse. Come ha lucidamente osservato Paola Potestio, questi dati

> qualificano i concorsi come una grande *ope legis*, che si è tradotta in una massiccia e incontrollata promozione interna. In solo due anni i professori ordinari sono cresciuti del 10,4 per cento sottraendo risorse alla possibilità di ingaggiare giovani. Su un totale di 74 sedi universitarie, il numero dei professori ordinari è cresciuto in 71 sedi (con tassi di oltre il 20 per cento in 27 sedi e compresi tra il 10 e il 20 per cento in 21 sedi). Il numero dei giovani ricercatori è cresciuto in sole 26 sedi, si è ridotto in ben 40 sedi. Un bel contributo all'invecchiamento dell'università.[3]

Non mi risulta che contro il meccanismo perverso dei concorsi i rettori abbiano mai usato l'arma delle dimissioni di massa. Anche gli istituti di ricerca si lamentano per i tagli che subiscono in Finanziaria. Dalla lettura del bilancio 2001 del Cnr (il Consiglio nazionale per le ricerche) si apprende che l'ente ha destinato a una ricerca su «Roma capitale» 3,6 milioni di euro. Su un bilancio di oltre 800 milioni, di cui 540 pubblici, sembrerebbe una cifra irrisoria. E tuttavia 3,6 milioni (7 miliardi di vecchie lire) sono quanto basta per istituire, a tempo indeterminato, una cattedra di chimica molecolare, o di tecnologia dei materiali. Viene voglia di incoraggiare il ministro dell'Economia, il professor Giulio Tremonti, a resistere ai suoi colleghi, anzi ad accentuare i tagli. Forse i rettori inizierebbero a riflettere seriamente sulle loro responsabilità.

Lauree in ipocrisia[4]

È curioso che nel braccio di ferro tra i rettori e il Governo sui fondi per le università, nessuno, né da un lato, né dall'altro, abbia preso in considerazione la possibilità di un aumento delle rette, che oggi ammontano a poche centinaia di euro l'anno. In un sistema davvero equo le rette universitarie sono determinate dal reddito delle famiglie; la retta massima, ad esempio per famiglie con un reddito superiore a 150.000 euro l'anno, potrebbe arrivare a 8000, la minima 0. Metà del maggior incasso per le università derivante dall'aumento delle rette sarebbe destinata ai loro bilanci, metà a finanziare borse di studio per studenti meno abbienti.

L'egualitarismo di chi ritiene che l'università debba essere gratuita è una falsità. Ciò che impedisce a una famiglia non ricca, di Caltanissetta o di Sondrio, di iscrivere i propri figli all'università non è la retta, bensì il costo della vita in una città lontana, priva di alloggi per studenti. È sotto questa spinta che sono nate mille università locali, altro inganno per le famiglie disagiate: come se bastasse qualche aula e qualche professore che arriva affannato pochi minuti prima della lezione e alla fine scappa a prendere il treno per fare un'università.

Uno studio recente di Daniele Checchi, Andrea Ichino e

Aldo Rustichini mostra che in Italia il reddito della famiglia di origine è un fattore più importante, nel determinare il successo professionale dei giovani, di quanto non lo sia negli Stati Uniti, e ciò nonostante negli Usa le scuole buone siano private e molto costose.

Giuliano Amato confessò il proprio sconforto una sera, dopo un estenuante tentativo di far quadrare i conti dello Stato: in farmacia un cittadino, arrivato con un potente fuoristrada, acquistava un medicinale costoso pagando un ticket di poche lire: «È costata di più la benzina!», osservò.

L'università praticamente gratuita è alla radice dei propri mali. Quando pagano, gli studenti sono attenti alla qualità del servizio che ricevono, non ammettono che i professori arrivino a lezione in ritardo. Da anni ormai l'autonomia universitaria consente ai rettori di determinare liberamente le rette, purché esse non eccedano un livello massimo stabilito per legge, ma sono poche le università che raggiungono questo tetto. Il ministro Tremonti potrebbe, nella legge finanziaria, penalizzare quei rettori che lamentano la mancanza di fondi, e poi non alzano le rette cercando popolarità fra gli studenti (in primis Comunione e Liberazione) con la bugia del falso egualitarismo.

Utilizzare, anche interamente, l'autonomia consentita dalla legge non è però sufficiente: per gli studenti più ricchi le rette rimarrebbero comunque irrisorie. È necessario cambiare la legge: se non lo fa un Governo a parole tanto favorevole al mercato, chi mai? Anche le università private, che pure non hanno vincoli sulle rette, le mantengono troppo basse e poi chiedono fondi allo Stato. All'Università cattolica la retta non supera i 2000 euro. Alla Luiss, l'università della Confindustria, dove alcuni studenti si recano in Audi 3000, iscriversi costa 5000 euro l'anno. Negli Stati Uniti pagherebbero quattro volte tanto.

Nell'intervista al «Corriere della Sera»[5] il professor Piero Tosi, presidente della Conferenza dei rettori, attribuisce quanto accade da quattro anni nei concorsi universitari – di fatto una grande *ope legis* che ha promosso *todos caballeros* – al precedente blocco dei concorsi. Non ricordo che i rettori abbiano mai fatto ricorso all'arma estrema delle dimissioni per protestare contro quel blocco al quale oggi attribuiscono tutte le responsabilità. È lungimirante una politica universitaria che cede alle pressioni, pur legittime, di chi oggi ha quarant'anni, impedendo a un paio di generazioni di accedere all'università? (Su ciò che sta accadendo ai giovani laureati italiani invito a leggere i risultati di una ricerca di Andrea Ichino e Giovanni Peri, da questi descritta su <www.lavoce.info>).

Senza stravolgere il meccanismo dei concorsi pubblici, due semplici norme, da sole, potrebbero migliorare il sistema. Eliminare l'assurdità di due vincitori per ciascuna cattedra e rendere le decisioni delle commissioni contestabili nella sostanza dei giudizi, non solo nella loro forma. La prima norma è un controsenso che non esiste in alcuna parte del mondo, ed è alla radice della grande *ope legis*. Le università che non hanno il coraggio di promuovere le loro "capre" con un concorso locale (potrebbe accadere che una commissione le bocci) mandano i propri candidati in giro per l'Italia: un secondo posto non si nega a nessuno. La contestabilità solo formale delle decisioni delle commissioni è un vizio tipicamente italiano: purché le carte siano in ordine ogni "capra" è salva. Un po' di coraggio, ministro Moratti: la seconda modifica è forse complicata, ma per la prima è sufficiente un emendamento di due righe.

Il professor Tosi si aspetta grandi benefici da un sistema centralizzato di valutazione delle università che consenta di concentrare le risorse sui dipartimenti migliori. L'esperienza della Gran Bretagna, che da alcuni anni adotta un sistema simile, non è buona. Se si crede davvero nel mercato si deve avere il coraggio di usarlo, non di sostituirlo con meccanismi sovietici di controllo dal centro. Perché i rettori non hanno il coraggio di chiedere piena autonomia nel determinare gli stipendi dei professori?

Finché offriranno 1000 euro al mese a un giovane ricercatore e 4000 a un professore con studio professionale ben avviato, che frequenta l'università solo per tenere le sue lezioni (magari facendosi ogni tanto sostituire proprio da quel ricercatore), i giovani migliori rimarranno all'estero. Servono entrambi, il professore-professionista famoso e il giovane bravo a fare ricerca, ma è il primo che deve guadagnare 1000 euro al mese, non il secondo. Al Massachusetts Institute of Technology (MIT) più di un premio Nobel, a fine carriera, guadagna meno di un giovane brillante. E se, oltre ai soldi, scarseggiano anche i posti, perché mai consentire a parlamentari, presidenti di società dello Stato, direttori di enti di ricerca pubblici, di bloccare per decenni cattedre universitarie mediante il sistema dell'aspettativa? Conosco solo tre persone che, arrivate al secondo mandato istituzionale, si sono dimesse dall'università: l'ex direttore generale del Tesoro, Mario Draghi, e i nostri due commissari europei, Romano Prodi e Mario Monti.

Ministro Moratti, resista![6]

Il consiglio dei Ministri, venerdì scorso, ha approvato un decreto di riforma del Consiglio nazionale delle ricerche (Cnr), dell'Agenzia spaziale italiana, dell'Istituto nazionale di fisica nucleare e di quello di astrofisica, che prevede un'ampia riorganizzazione degli enti di ricerca scientifica e l'azzeramento degli organi di Governo del maggiore, il Cnr. La reazione della comunità scientifica è dura: i dipendenti Cnr, il loro sindacato, il vecchio presidente dell'ente sono insorti; alcuni ricercatori minacciano di trasferirsi all'estero; il premio Nobel Rita Levi Montalcini chiede una mobilitazione generale. Vorrei incoraggiare il ministro dell'Istruzione e della Ricerca scientifica, Letizia Moratti, a resistere. Per quasi due anni il ministro ha sostanzialmente ignorato università e ricerca: nessun progetto, nessuna idea, nessuna considerazione. Se ora, finalmente, dà priorità a questi problemi lo dobbiamo soprattutto al ministro dell'Economia Giulio Tremonti e al ragioniere generale dello Stato, Vittorio Grilli, che hanno fatto leva sull'unico strumento efficace in questi casi: non accettano più, come giustificazione per nuovi finanziamenti, la motivazione che così si era fatto in passato, ma chiedono che si valutino i risultati dei denari sinora spesi. L'Italia è il Paese avanzato che spende meno in ricerca: 1 per cento del prodotto interno lordo, rispetto al 2 per cento della media europea, con punte di oltre il 3 per cento in Svezia e Finlandia. Abbiamo anche, con India, Russia e Cina, il primato nella fuga dei cervelli. Ma prima di aumentare i finanziamenti, come giustamente ha chiesto anche ieri il presidente della Commissione europea Romano Prodi, è prudente chiedersi come vengono utilizzati quelli oggi disponibili e perché spesso neppure questi vengano spesi.

Nella relazione della Corte dei conti sul Piano nazionale per la ricerca si legge: «Nel 2001, il volume di risorse spendibili è stato pari a 6128 miliardi di lire, dei quali solo 5253 hanno dato luogo a effettivi pagamenti, per i tempi impiegati nella valutazione dei progetti e la predisposizione di atti amministrativi: 82 miliardi sono stati addirittura restituiti al bilancio dello Stato». Il Cnr ha 6300 dipendenti, di cui mille addetti a mansioni amministrative; la loro distribuzione geografica è curiosa: uno su tre è assunto nel Lazio, il che suggerisce che anche alcuni dipendenti classificati come ricercatori sono, in realtà, addetti a compiti amministrativi. L'amministrazione centrale ha quattro dirigenti preposti agli uffici per i rapporti con le Regioni, sedici per i servizi tecnici e di sviluppo, cinque per i rapporti internazionali, ciascuno con relativi uffici. Negli Stati Uniti la National Science Foundation (NSF) assegna oltre 5 miliardi di dollari di finanziamenti l'anno (dieci volte il Cnr) con poco più di venti dipendenti stabili a Washington e un ampio numero di commissioni scientifiche convocate di volta in volta per valutare i progetti presentati. Sulla recente riforma del Cnr, che doveva ridurre il numero di istituti (ce n'erano 314), così si esprime la Corte dei conti:

> Sono sopravvissuti ben 107 istituti, alla fine di una riforma che si è essenzialmente limitata ad aggregazioni prive di un disegno strategico e caratterizzata da poche confluenze numericamente rilevanti, nella quale le dichiarate chiusure si sono risolte pressoché totalmente in afferenze ad altri istituti. Inoltre, il proliferare di sezioni dislocate in sedi lontane fra loro accresce i rischi di riproduzione della pregressa frammentazione di strutture, con un sostanziale tradimento delle finalità della riforma.

In Italia i gruppi di ricerca che ottengono risultati scientifici eccellenti sono numerosi, in tutte le discipline; molti giovani ricercatori si trasferiscono negli Stati Uniti, ma ve ne sono anche che ritornano. Il problema non sono i singoli gruppi di ricerca, bensì la struttura burocratica degli enti nazionali e i loro organi di Governo, spesso guidati da ricercatori più noti per le amicizie politiche che per le pubblicazioni scientifiche. La soluzione è una sola: chiudere gli enti nazionali e distribuire le risorse direttamente ai ricercatori, secondo il modello della NSF, ponendo i gruppi in competizione tra loro e affidando le decisioni a commissioni internazionali. In questo senso, gli articoli dei nuovi decreti che prevedono accorpamenti e spostamenti di istituti da un ente nazionale all'altro vanno nella direzione sbagliata.

Rimane il problema di che cosa fare dei dipendenti di quegli istituti che non sopravvivranno alla concorrenza e ai quali lo Stato ha garantito un posto a vita. Ma non si vede perché 8000 dipendenti Fiat possano essere messi in cassa integrazione e i ricercatori del Cnr debbano avere il privilegio di un posto a vita, protetti dalla concorrenza e al riparo dalle conseguenze di valutazioni negative.

I conservatori della ricerca[7]

Lo studio della Fondazione Rosselli su ricerca e innovazione, pubblicato il 7 novembre 2004, non fa giustizia dello stato della ricerca in Italia. È possibile che la situazione sia tanto disperata che persino la Spagna sembri ormai irraggiungibile, ma non è vero che in Italia non esistono centri di ricerca e ricercatori eccellenti. Nel campo della matematica e della fisica la Scuola internazionale di studi avanzati di Trieste è uno dei luoghi migliori dell'Europa continentale; in alcune aree delle scienze mediche e biologiche l'Istituto Mario Negri e l'Istituto europeo di oncologia sono, essi pure, tra i migliori d'Europa.

Anche nella mia materia, l'economia politica, esistono centri di ricerca eccellenti, per quanto sconosciuti ai più: uno dei migliori d'Europa ha sede presso l'Università di Salerno. E tuttavia questi successi sono ottenuti non grazie a uno sforzo coerente per promuovere la ricerca, ma nonostante si faccia di tutto per ostacolarla. Si dice spesso che il problema è soprattutto la mancanza di finanziamenti. Nulla di più errato. Se ci confrontiamo ad esempio con la Gran Bretagna, un Paese spesso ai primi posti nelle classifiche, la spesa per accademico (dati Ocse del 1999) era 139.000 dollari in Gran Bretagna, 167.000 in Italia. La differenza sta nella produttività: il numero di citazioni per un milione di dollari spesi era, nel 1997, di 70,5 per un accademico britannico, di 34 per un italiano. Dare più finanziamenti a questo sistema servirebbe solo ad aumentare le rendite di cui godono le corporazioni della ricerca, con scarsi effetti sulla qualità e sulla produttività.

Il vero problema è il reclutamento: nelle università l'età media dei ricercatori – i più giovani nella gerarchia accademica – è di 50,6 anni e il 25 per cento ha superato i 56 (si veda Reichlin e Lippi su <www.lavoce.info>). Il blocco delle assunzioni, che il Governo si appresta a reiterare, è la morte della ricerca. La signora Thatcher svecchiò le università offrendo incentivi affinché chi aveva abbandonato gli studi si ritirasse. Perché si mandano in pensione anticipata i dipendenti della Fiat e non i professori? Solo perché costoro non stanno sul mercato e nessuno ne valuta la produttività, molti cioè vivono di rendita.

Assumere nuovi ricercatori senza cambiare le regole avrebbe effetti altrettanto deleteri: l'anziano *rentier* accademico che va in pensione verrebbe sostituito non dal giovane più promettente, ma da quello che è stato più assiduo nel sostituirlo quando i suoi molti impegni non gli consentivano di tenere le lezioni. (Per l'economia si vedano i dati del Bollettino dei concorsi sul sito <www.igier.unibocconi.it/perotti>.)

Anche le imprese chiedono più finanziamenti per la ricerca. Prima di spendere nuovi denari, sarebbe opportuno capire se funzionano, e quanto sono sinora costate, le iniziative avviate: Torino Wireless, Veneto Nanotecnologie, il distretto campano sui materiali polimerici, quello di Catania di microelettronica, il Hi-Mech in Emilia, il distretto sulla bioscienza a Milano, quello sull'aerospazio a Castel Romano: come si vede non mancano le idee, ma forse i risultati.

Confindustria spesso lamenta la scarsa attenzione del Governo per la ricerca; verrebbe da dire: «Da quale pulpito!». I nostri imprenditori possiedono un'università, la Luiss: per le ultime due cattedre di economia assegnate da questa università non è stato scelto uno dei molti giovani italiani che insegnano negli Stati Uniti e rientrerebbero volentieri, bensì due professori molto vicini all'associazione ma non certo giovani ricercatori.

Una Cambridge anche in Italia[8]

Sono pochi al mondo i posti in cui la frontiera della scienza si sposta quasi quotidianamente: Cambridge in Inghilterra, l'omonima cittadina del Massachusetts, Palo Alto in California. Luoghi apparentemente tranquilli, ma dove si avverte la tensione di una fortissima concorrenza; dove l'anzianità e le gerarchie non contano, il successo scientifico è l'unico valore che determina lo status sociale delle persone e il Nobel non è un concetto lontano, ma un obiettivo al quale ambire.

Altrove nel mondo esistono eccellenze isolate, anche in Italia: nanotecnologie e genomica a Milano, fisica teorica a Pisa, biologia molecolare a Padova e Pavia e altre ancora, ma sono successi instabili, dovuti ai risultati di pochi ricercatori: è sufficiente che uno di essi emigri perché l'esperienza si esaurisca.

Il successo di luoghi come Palo Alto ha diverse componenti: università eccellente, ottimi laboratori simili nello spirito alle botteghe rinascimentali, finanziamenti abbondanti, gestiti da ricercatori, non da burocrati: insomma, l'esatto contrario di istituzioni come il Consiglio nazionale delle ricerche (Cnr) o la Direzione generale per la ricerca della Commissione europea.

Il Governo Berlusconi ha inserito nella Finanziaria un articolo che vuole creare anche in Italia un polo di ricerca eccellente: una fondazione privata, l'Istituto italiano di tecnologia (Iit), cui lo Stato attribuisce una dote cospicua (1 miliardo di euro), ma non straordinaria: il patrimonio di Harvard vale circa 20 miliardi. Paradossalmente, solo un Governo poco colto poteva proporre una rottura così forte nel finanziamento della ricerca: la scarsa cultura del centrodestra lo rende infatti meno succube alle lobby della scienza – baroni accademici, Cnr, conferenza dei rettori – il cui obiettivo (almeno in qualche caso) non è l'eccellenza, ma ripartirsi al centesimo i finanziamenti, rendendoli così inefficaci. Perché sia un successo, l'Iit deve tuttavia superare molte difficoltà.

Innanzitutto il rapporto con le università. Senza studenti un istituto di soli ricercatori diverrebbe presto sterile: ciò significa collocarlo in una città dove c'è un'università eccellente. Genova, di cui si è parlato, ha il vantaggio di un ambiente industriale fertile, frutto della tradizione di imprese come Ansaldo, ma una università non altrettanto vivace: forse meglio Pisa, dove già esistono eccellenze, non solo alla Scuola Normale. Poi le aree di ricerca dalle quali partire, poche, individuate tra quelle dove più alta è la probabilità di raggiungere in breve la frontiera della ricerca – o perché già esistono in Italia laboratori eccellenti, o perché si spera di convincere qualche ricercatore, non solo italiano, a spostarsi in Italia. Le biotecnologie e la filiera della fisica, da quella teorica alla tecnologia dei materiali, sembrano aree ovvie. Il rapporto con le imprese è particolarmente delicato: uno dei fattori del successo è la possibilità di trasferire nuova tecnologia all'industria: questo richiede imprese che sappiano utilizzare tecnologie di frontiera. Nella fisica dei materiali è naturale pensare alla STMicroelectronics, una delle poche imprese europee (è una società italofrancese) che regge la concorrenza dei colossi americani, Intel e Motorola. Ma vi è il rischio che il rapporto con le imprese distorca il progetto: senza ricerca di base si fa design o innovazione di processo, non scienza di frontiera, nella quale c'è cesura tra ricerca astratta e ricerca applicata. Se l'Iit uscirà indenne dal Parlamento, la palla passerà al mondo della ricerca: a quel punto la responsabilità dell'occasione sprecata sarebbe in gran parte nostra.

Milano e la ricerca[9]

Le nuove tecnologie per l'informazione e le telecomunicazioni stanno trasformando la geografia economica del mondo. Poter usare Internet e i telefoni cellulari è relativamente facile, si pensi alla diffusione che questi strumenti hanno in un Paese come la Cina; ben diverso è riuscire a inventare e produrre le nuove tecnologie. In questo campo i successi sono rari: Stanford e qualche altra contea della California, la Route 128 che racchiude la baia di Boston, Cambridge in Gran Bretagna, e Helsinki:

lì uno studente ventenne, Linus Torvalds, ha inventato Linux, il sistema operativo che contende la supremazia di Windows. Che cosa hanno in comune questi luoghi? Università eccellenti che attirano al tempo stesso ottimi ricercatori e imprenditori innovativi.

Anni fa la ricerca si faceva sia nell'università sia nei laboratori delle imprese: oggi, la pressione della concorrenza fa sì che le imprese diano in *outsourcing* anche la ricerca. Insediarsi accanto a un'università eccellente è diventata una condizione necessaria per un'impresa che vuole essere innovativa, nelle biotecnologie come nelle telecomunicazioni e nella finanza.

Come si colloca Milano rispetto a questi cambiamenti? Ha una chance di stare con chi produce nuove tecnologie, o riuscirà solo a usarle? Questa città aveva nella ricerca una buona tradizione, ormai purtroppo molto lontana: essa risale ai tempi del premio Nobel Giulio Natta, i cui esperimenti nei laboratori del Politecnico si trasformavano in brevetti della Montecatini, allora azienda all'avanguardia. Ha imprenditori innovativi, come Roberto Galimberti di I-net, o Gasperini di Inferentia, ma anche vecchie aziende come la Pirelli che hanno compiuto la trasformazione dalla old alla new economy.

Si è perduto invece del tutto qualsiasi interesse per la ricerca. Pur avendo cinque o sei università, di cui alcune, come il Politecnico e la Bocconi, attirano studenti da tutta Italia, è rarissimo che si raggiungano risultati eccellenti nella ricerca. È una città che assiste indifferente all'emigrazione verso gli Stati Uniti dei suoi migliori ricercatori, che rimane altrettanto indifferente quando si riesce a portare qui un ricercatore eccellente, come ad esempio all'Istituto europeo di oncologia, e che non dà spazio né riconoscimento alcuno ai giovani ricercatori che nell'università decidono di restare. Evidentemente non è possibile eccellere in tutto, ma qui non si è mai neppure cercato di individuare quali siano le aree scientifiche più promettenti sulle quali scommettere.

Nessuno, né gli imprenditori, né i politici, né gli intellettuali, ha mai elaborato un progetto per l'università a Milano, senza neppure pensare che un tale progetto avrebbe riflessi non solo sulla ricerca applicata ma anche nel mondo editoriale, dei musei e nella vita culturale della città. Una delle poche idee la dobbiamo a Paolo Baratta, ingegnere del Politecnico e ministro dei Lavori pubblici nel Governo Ciampi: cercò di spostare la Fiera fuori città e costruire in quel grande spazio una università dell'economia e delle tecnologie portandovi la Bocconi e il Politecnico. Naturalmente non se ne fece nulla. E da allora null'altro.

Note

1. «Corriere della Sera», 4 marzo 2005.
2. «Corriere della Sera», 11 dicembre 2002.
3. «Il Sole 24 ORE», 24 novembre, 2002.
4. «Corriere della Sera», 15 dicembre 2002.
5. «Corriere della Sera», 13 dicembre 2001.
6. «Corriere della Sera», 3 febbraio 2003.
7. «Corriere della Sera», 11 novembre 2004.
8. «Corriere della Sera», 25 ottobre 2003.
9. «Corriere della Sera», 7 ottobre 2000.

3
L'indipendenza dei giornali

Stampa al futuro[1]

I maggiori quotidiani italiani, diversamente dai giornali europei e americani, appartengono a grandi gruppi industriali. La Fiat possiede «La Stampa» e, insieme ad altre aziende industriali e finanziarie, ha una partecipazione rilevante in RCS che controlla il «Corriere della Sera». «Il Sole 24 ORE» è proprietà della Confindustria. La «Repubblica», pur quotata in Borsa, è controllata dall'ingegner Carlo De Benedetti, sebbene egli sia ormai quasi un "editore puro", ma più per le sfortunate vicende della Olivetti, che per sua scelta.

In altri Paesi i quotidiani appartengono ad aziende che si occupano solo di giornali (come la «Frankfurter Allgemeine Zeitung» in Germania, la «Neue Zürcher Zeitung» in Svizzera e i grandi quotidiani americani, il «New York Times» e il «Washington Post») o comunque prevalentemente di editoria, come il Gruppo Bertelsmann in Germania che possiede «Die Zeit». Vi è l'eccezione dei due quotidiani francesi proprietà degli stessi giornalisti («Le Monde» e «Libération»), ma sempre più frequente è il caso dei giornali che appartengono ad aziende operanti nel settore delle comunicazioni, come il «Times», proprietà del Gruppo Murdoch che ha anche partecipazioni in reti televisive, il «Financial Times», Gruppo Pearson il quale partecipa anch'esso a consorzi televisivi, e il «Wall Street Journal», della grande società americana di informazioni economiche Dow Jones.

Considerando l'anomalia italiana ritornano alla mente le parole di Luigi Einaudi, eminente collaboratore del «Corriere»:

> Si sospetta che [gli attuali proprietari dei giornali italiani] siano portavoce di interessi privati. «La Stampa» è proprietà del

> gigantesco Gruppo Fiat; «La Gazzetta del Popolo» della SIP, [allora] una delle più grandi aziende elettriche; il «Corriere della Sera» della famiglia Crespi, cotone.[2]

E, tuttavia, gli industriali italiani hanno anche grandi meriti: quattordici anni fa il «Corriere» fu "salvato" dagli attuali proprietari, dopo che un "editore puro", Angelo Rizzoli, aveva condotto l'azienda sull'orlo del fallimento. Essi sembrano anche avere imparato un'altra lezione di Einaudi, che «in regime di concorrenza di idee il fiuto del pubblico è infallibile e, pur protestando [...] compra e paga solo quei fogli che in cuor suo sente non essere pagati da altri che dai suoi soldi». Il problema del «Corriere» non è certo l'indipendenza (garantita fra l'altro da un primato di vendite), ma un'adeguata preparazione per il futuro. E ciò riguarda tutta la stampa italiana.

Che nel tempo della multimedialità e delle televisioni i giornali abbiano ancora spazio per sopravvivere non è affatto ovvio. Eppure, nonostante varie profezie negative, i vecchi quotidiani ogni mattina si vendono: quasi 6 milioni di copie al giorno. E, tuttavia, non ci si può contare troppo: Internet è ancora poco diffuso, la televisione via cavo e quella interattiva non sono ancora apparse in Italia. Certamente i giornali non scompariranno (sebbene negli ultimi sette anni abbiano perso circa un milione di copie), ma sopravvivranno solo quelli che, utilizzando un'unica "fabbrica di informazioni", saranno in grado di distribuirle attraverso canali diversi: un quotidiano nazionale, una rete (i giornali locali, ma anche Internet e le televisioni). Così, ad esempio, è organizzata la Pearson che possiede, oltre al «Financial Times», metà dell'«Economist», «Les Echos» in Francia, «Marca» in Spagna e partecipazioni televisive. Chi non sarà in grado di affrontare queste trasformazioni dovrà scegliere: ridimensionarsi e sopravvivere al riparo di un grande gruppo industriale sempre pronto a ripianare le perdite, oppure divenire l'"edizione locale" di un gruppo di comunicazioni europeo.

Per accompagnare il «Corriere» in questa grande trasformazione sono necessarie molte risorse: la soluzione migliore è il mercato, e forse gli attuali azionisti ci stanno pensando. Il

«Corriere» dovrebbe essere quotato in Borsa. La quotazione potrebbe avvenire tramite un aumento di capitale che porti all'azienda le risorse necessarie per la grande trasformazione e, allo stesso tempo, diluisca il controllo del vecchio azionista.

Che cosa quotare? Il mercato vuole società semplici e un'idea sulla quale scommettere: si dovrebbe portare in Borsa il «Corriere» (e «La Gazzetta dello Sport») con la sua tradizione centenaria e un chiaro programma di sviluppo anche in settori dell'informazione diversi dal vecchio quotidiano. Il direttore dovrebbe esserne il garante nei confronti del mercato. Scrive ancora Luigi Einaudi:

> Il direttore dovrebbe essere l'unico responsabile dell'indirizzo politico, economico, finanziario e generale del giornale. Dovrebbe essergli anche affidata la gestione dell'azienda, era questa la norma al «Corriere» prima del 1925. Una volta nominato non dovrebbe essere licenziato né dovrebbe subire limitazioni senza il consenso di un comitato di fiduciari (*Board of Trustees*) composto da uomini di sicura stima.

La decisione del «Corriere della Sera» sarebbe probabilmente imitata da altri, per primo da «Il Sole 24 ORE» alla cui quotazione la Confindustria ha già pensato.

Il coraggio di Ferruccio de Bortoli[3]

Nel settembre del 1992 l'Italia fu a un passo dalla crisi finanziaria. Dopo la svalutazione della lira due aste di titoli pubblici andarono praticamente deserte e il default sul debito fu un rischio concreto. Eppure, in quei giorni difficili, mentre Tangentopoli travolgeva la prima Repubblica, vi fu uno scatto d'orgoglio. Il presidente del Consiglio, Giuliano Amato, e il governatore della Banca d'Italia, Carlo Azeglio Ciampi, in pochi giorni vararono misure importanti, alcune impopolari, recuperando una situazione che a molti osservatori internazionali pareva irrimediabilmente compromessa. Quell'episodio mi è ritornato alla mente domenica, leggendo il titolo che ci dedicava il «Financial Times»: "La farsa italiana".

C'è, nel commento del quotidiano più influente d'Europa, un senso di profonda sfiducia verso il nostro Paese: conti pubblici di nuovo in peggioramento, un debito che rimane tra i più elevati al mondo, ma soprattutto «un Paese in ansia, rimasto gravemente indietro nella crescita, nella competitività, nel suo sistema educativo, persino nel tasso di fertilità, con un quinto delle esportazioni concentrate in settori che ricordano più Cina e Polonia che una moderna economia occidentale».

L'orgoglio di cui fummo capaci nel 1992 sembra lontano. Eppure la situazione è forse ancor più grave che in quel settembre. Si ha l'impressione, come ha denunciato con coraggio venerdì scorso il direttore del «Sole 24 ORE», Ferruccio de Bortoli, che le regole del mercato siano state sospese, non solo dalla prepotenza di affaristi spregiudicati, ma per l'inerzia delle istituzioni di garanzia, Consob e Banca d'Italia.

Di fronte al sospetto che alcuni azionisti della Banca Popolare di Lodi agiscano di nascosto (per non correre il rischio di dover lanciare su Antonveneta un'Opa che non sarebbero in grado di pagare), la Consob ha il potere di effettuare ispezioni, aprire i computer, verificare le e-mail. Se non lo fa con tempestività e si limita a scrivere lettere e chiedere documenti, essa favorisce di fatto uno dei giocatori in campo. Infatti, trascorsi trenta giorni dal presunto patto segreto, l'eventuale sanzione non sarà più il dovere di lanciare l'Opa, bensì un obbligo molto meno oneroso, la sterilizzazione dei diritti di voto. Se ai commissari Consob manca il coraggio, anche i nuovi poteri che la legge sul risparmio attribuisce alla Commissione serviranno a ben poco.

Ma è possibile che il governatore della Banca d'Italia non faccia nulla per dissipare l'impressione di prediligere coloro che de Bortoli giustamente definisce «imprenditori più pronti a mostrare se stessi che i loro bilanci»? E perché dai partiti della sinistra non si leva una voce autorevole in difesa delle regole del mercato? Non posso credere che essi appoggino i *brasseurs d'affaires*.

Se le istituzioni tentennano o, peggio ancora, si schierano, solo una stampa libera può difendere il mercato. Molti, tra essi il direttore del «Messaggero», quotidiano di proprietà di uno dei soggetti impegnati in queste battaglie, evidentemente non sanno distinguere tra gli interessi dei loro editori e le regole della trasparenza.

Per la stessa ragione, da alcune settimane, anche quote importanti della RCS, l'azienda che possiede questo giornale, sono passate di mano, evidentemente alla ricerca di un supporto che non riusciranno a ottenere.

Note

1. «Corriere della Sera», 1 febbraio 1998.
2. «Foreign Affairs», aprile 1945.
3. «Corriere della Sera», 19 aprile 2005.

[illegible]

[illegible]

[illegible]

[illegible]

4

Due Italie: chi compete (e fatica) e chi è protetto (e guadagna)

Come competere con la Cina[1]

Quella che chiede al Governo di essere protetta dalla concorrenza dei cinesi è un'Italia senza idee, che non sa più innovare e ha anche perduto l'abilità dei nostri vecchi artigiani. Se produci tegole o tondini di ferro non hai speranza; ma fortunatamente l'Italia non è tutta così.

Nelle valli sopra Bergamo il cotonificio Albini produce tessuto per camicie: guardando al prodotto sembrerebbe un'azienda spacciata, e invece esporta il 70 per cento della produzione; la settimana scorsa ha aperto un nuovo stabilimento con ottanta telai, non a Shanghai ma a Mottola, in provincia di Taranto. Il segreto del successo: un imprenditore coraggioso e una straordinaria attività di addestramento dei giovani per trasmettere loro un'esperienza centenaria. Poco lontano, la Brembo costruisce i freni delle migliori automobili al mondo. Se ha un problema è che le nostre università formano pochi ingegneri meccanici: al Politecnico di Milano i migliori si iscrivono a ingegneria gestionale, vogliono tutti diventare manager, pensano che disegnare il disco di un freno sia un'attività *passée*; e così la Brembo porta a Bergamo ingegneri meccanici cechi e indiani.

Per essere competitivi ci vogliono una scuola che apra la testa, istituti professionali capaci di tramandare l'esperienza dei nostri artigiani migliori e soprattutto tanta concorrenza per evitare che si creino posizioni di rendita, il maggior ostacolo all'innovazione. In un libro che aiuta a capire come sopravvivere alla concorrenza cinese[2], lo storico di Chicago, Joel Mokyr, scrive: «In ogni società vi sono forze che si oppongono all'innovazione, che vogliono proteggere interessi particolari, piccole e grandi rendite. Nelle aziende di questi Paesi gli ingegneri sono stati sostituiti da avvocati, commercialisti e lobbisti, ascoltati dal Governo, che li protegge e guarda con sospetto agli innovatori. La storia ci insegna che qui inizia il declino di un Paese».

Sembra di leggere la vicenda di certe aziende del tessile, che, partite dalla creatività, si sono ridotte a contrattare con il CIPE (Comitato Interministeriale per la Programmazione Economica) i pedaggi autostradali.

Il nostro Sud non avrà un futuro finché le famiglie penseranno che per trovare un buon lavoro i loro figli devono iscriversi a legge, o prepararsi alla carriera di commercialista. C'è un'altra Italia: all'Interaction Design Institute di Ivrea quaranta ragazzi progettano nuove modalità di interazione fra l'uomo e la tecnologia. Ma sono ancora troppo pochi, e le aziende i giovani "creativi" li vanno a cercare a Londra, al Royal College of Art.

Wim Bishoff, l'ex capo di Shroders, una banca inglese, racconta che per assumere i giovani segue una regola precisa: prima scorre l'elenco dei laureati in lettere classiche, poi in matematica: se proprio non li trova, assume un giovane uscito dalla London School of Economics. Sorprendente? «No», vi risponde:

> una volta assunti li invito a colazione ed espongo loro i problemi della banca. I classici e i matematici per lo più dimostrano che non hanno idea di che cosa si stia parlando; ma ogni tanto il loro modo di vedere le cose è talmente inusuale che improvvisamente capisco come risolvere un problema fino a quel momento senza vie d'uscita. Quanto ai laureati della London School, mi ripetono ciò che ho letto su «Business Week»: non imparo nulla.

(In Italia, sessant'anni fa, l'aveva già capito Raffaele Mattioli.) La scorsa settimana scrissi che alla facoltà di matematica di Pavia, una delle migliori d'Europa, le matricole sono meno di venti: mi sono sbagliato. Quattro anni fa erano venti; quest'anno cinquantuno: fortunatamente i giovani imparano in fretta.

Le aziende lontano dal mercato[3]

Quella che si intravede attraverso la lente dell'indagine di Mediobanca sulle nostre imprese è un'Italia che, almeno per quanto riguarda le attività produttive, è spaccata in due. Da un lato aziende "aperte", cioè integrate nell'economia globale e presenti sui mercati internazionali. Dall'altro un ampio settore, ben protetto, che ha un mercato esclusivamente domestico e gode di ricche rendite. Le aziende aperte (dall'auto al tessile al turismo) rappresentano poco meno di un quarto del nostro sistema produttivo. Una su tre è controllata da azionisti non italiani, prova che si tratta di imprese efficienti, capaci di attrarre investimenti esteri; poche sono pubbliche, solo il 7 per cento. Da queste aziende dipendono le nostre esportazioni perché sono le sole che vendono anche all'estero. Nel tempo, tuttavia, hanno perso terreno: dieci anni fa rappresentavano il 25 per cento dell'economia, due punti più di oggi. Ciò significa che l'onere di mantenere in equilibrio la nostra bilancia dei pagamenti ricade su un settore che va sempre più restringendosi; in altre parole, queste aziende dovranno esportare quote via via crescenti della loro produzione. Per lo più guadagnano, sebbene in misura modesta: nel 2003 il loro margine operativo lordo è stato dell'11 per cento circa.

Il mondo delle aziende protette – i due terzi della nostra economia – non potrebbe essere più diverso. Si tratta delle imprese del commercio, costruzioni, energia, telefoni, servizi alle famiglie e alle imprese, compresi quelli immobiliari, bancari e professionali. Sono aziende quasi esclusivamente italiane, la quota estera non supera il 15 per cento; tra di esse una su quattro è pubblica, una su due nell'energia.

Una caratteristica comune è che godono tutte di qualche protezione: un monopolio di fatto, un ordine professionale, licenze che limitano il numero di imprese, tariffe stabilite per legge, un'autorità di vigilanza – è il caso delle banche – che le protegge dallo straniero. Non si preoccupano dei cinesi perché i loro clienti sono tutti qui, a cominciare da quelle aziende "aperte" che non hanno alternative alla banca italiana, all'azienda elettrica locale, al professionista iscritto all'albo, del quale devono servirsi per legge.

Le imprese protette guadagnano molto più di quelle "aperte": il margine operativo lordo nel terziario è stato, nel 2003, vicino al 25 per cento, quasi due volte e mezzo quello delle imprese manifatturiere. Non tutte per la verità guadagnano: Alitalia e qualche banca, nonostante le protezioni, riescono a perdere. E tuttavia la differenza tra i profitti nel settore protetto e in quello "aperto" è straordinaria: non è sorprendente se molti imprenditori si spostano verso questi settori e se i giovani scelgono corsi di laurea che li avviano a professioni protette. Né è sorprendente che da anni l'inflazione italiana rimanga superiore al livello europeo: con due terzi dell'economia sottratta alla concorrenza internazionale, le forze che ci spingono verso un'inflazione europea sono troppo deboli, in quanto agiscono solo sulle imprese "aperte", troppo poche per riuscire a trascinare l'intera economia.

In tutti i Paesi avanzati è in atto un graduale spostamento delle attività produttive verso i servizi. Ma altrove le imprese del terziario – ad esempio Dhl e Sap in Germania – sono aziende "aperte", che operano in concorrenza e contribuiscono alla bilancia dei pagamenti esportando una quota elevata dei servizi che producono. In Italia, invece, la terziarizzazione dell'economia avviene mantenendo monopoli e protezioni, soffocando la parte più viva del nostro sistema produttivo e creando in prospettiva un grave problema di sostenibilità dei nostri conti con l'estero.

Tre domande agli industriali[4]

Il seminario di Villa d'Este compie trent'anni. Ma al di là del tributo pagato alle grandi questioni internazionali, dall'Iraq alle elezioni Usa, gli imprenditori italiani sembrano sfruttare questa occasione di incontro con il mondo della politica più per intessere relazioni istituzionali che per stimolare la politica a confrontarsi sul mercato aperto. È il triste risultato di un capitalismo che sta via via ritirandosi dal mercato per rifugiarsi in settori ben protetti, ma proprio per questo succubi della politica. Le aziende italiane che vendono i propri prodotti all'estero sono sempre meno: dieci anni fa rappresentavano il 25 per cento dell'economia, oggi meno del 23. Chi esporta ha spesso grandi soddisfazioni, ma guadagna poco: nel 2003 il margine operativo lordo delle imprese più attive sui mercati internazionali è stato di poco superiore al 10 per cento, contro il 25 per cento guadagnato dalle aziende che vendono quasi esclusivamente sul mercato interno (dati dell'indagine Mediobanca). Il motivo è semplice: sui mercati internazionali i prezzi sono determinati dalla concorrenza; sul mercato interno alcuni sono fissati dal negoziato tra imprese e politica (le tariffe autostradali dal Comitato per la programmazione economica, quelle elettriche e telefoniche dalle rispettive autorità di regolamentazione), altri sfruttano la scarsa concorrenza di un mercato protetto (dai servizi professionali alle banche). Non bisogna allora sorprendersi se molti imprenditori abbandonano i mercati internazionali e si rifugiano nelle autostrade fisiche e in quelle virtuali: ma di questo passo non si capisce chi pagherà per il petrolio che importiamo.

Le nostre banche, nonostante siano ben protette dalla Banca d'Italia, non guadagnano molto. E tuttavia alcuni industriali, spesso quelli più indebitati, investono acquistando partecipazioni nelle banche. Da debitori di riferimento, diventano azionisti di riferimento e in questa nuova veste acquistano il diritto a partecipare al grande gioco autarchico della finanza italiana. Da quei salotti quanto devono apparire lontani i mercati internazionali!

Le imprese private italiane – solo alcune in realtà – ricevono a vario titolo dal bilancio dello Stato un flusso enorme di aiuti, circa il 2 per cento del Prodotto interno lordo. «Un euro in meno di aiuti per un euro in meno di imposte» era lo slogan del nuovo presidente di Confindustria, Luca Montezemolo. Non se ne parla già più: forse perché meno tasse aiuterebbero tutte le imprese, mentre i sussidi vanno soprattutto a quelle che sono più abili nel *lobbying* che nel conquistare i mercati internazionali. Prima abbiamo perduto la chimica, poi l'industria farmaceutica, ora rischiamo di abbandonare anche un'attività apparentemente meno complicata, come la grande distribuzione.

Di fronte alla determinazione del nuovo ministro dell'Economia Domenico Siniscalco, che pare voler privatizzare davvero, alcuni (ad esempio l'ex amministratore delegato di Eni e Telecom, Franco Bernabè) propongono che ad acquistare sia la Cassa Depositi e Prestiti, destinata a trasformarsi in una nuova

Iri. Il commento degli industriali è stato un assordante silenzio: davvero pensano che Bernabè abbia ragione? Perché, mentre investono nelle banche, nessuno si è mai fatto avanti per acquistare Finmeccanica, l'ultima grande azienda italiana forte nelle tecnologie più avanzate e che di recente ha conquistato la leadership mondiale nel settore degli elicotteri?

Meno incentivi meno tasse[5]

Delle molte inefficienze prodotte in Italia da un bilancio pubblico che assorbe metà del reddito nazionale (nel 2003 la spesa pubblica ha raggiunto i 635 miliardi di euro, a fronte di un reddito di 1300) una delle più straordinarie sono gli aiuti alle imprese, denari che lo Stato eroga sotto varia forma, dai contributi agli interessi sui prestiti bancari a quelli per la ricerca. Se calcolati «per cassa» e al netto delle partite finanziarie essi ammontavano, nel 2003, a 36 miliardi di euro (31 se contabilizzati per competenza, 39 se si includono anche le partite finanziarie), cifre che rappresentano quasi il 3 per cento del reddito nazionale. Di questi, due terzi sono andati a imprese private, un terzo a imprese pubbliche: Ferrovie, Poste, Anas, municipalizzate varie. Quindi, anche escludendo le pubbliche, le risorse che i privati hanno ricevuto a vario titolo dallo Stato ammontano a circa 25 miliardi di euro, 2 per cento del Pil, metà direttamente dallo Stato, il resto per lo più dalle regioni.

Questi aiuti sono fonte di inefficienze perché danno agli imprenditori incentivi perversi; li distolgono dalla cura della loro azienda per dedicare tempo al *lobbying*. Non vengono distribuiti pro quota a tutte le imprese, ma sono concentrati in quelle aziende e in quei settori che dedicano più risorse all'attività di *lobbying*. La prima riforma fiscale a costo zero consiste quindi nel cancellare questi aiuti, restituendoli alle aziende sotto forma di una riduzione dell'aliquota sui profitti.

Questo avrebbe due benefici: la riduzione delle aliquote andrebbe a vantaggio di tutte le aziende, non solo dei lobbisti; e costoro, anziché perdere tempo nei corridoi di regioni e ministeri, si dedicherebbero a far funzionare meglio le loro aziende. Non conosco imprenditori che abbiano messo in soffitta una buona idea solo perché non sono riusciti ad accedere al credito agevolato; ne conosco alcuni che invece hanno ristrutturato la casa in campagna con i soldi regalati dalle regioni all'agriturismo.

Cancellare gli aiuti vuol dire eliminarli: non, come qualche ministro ha proposto, sostituirli con mutui agevolati della Cassa Depositi e Prestiti; i mutui agevolati sono ancora aiuti, allora tanto vale mantenere il sistema attuale. La riduzione dell'Irpeg potrebbe anche eccedere i risparmi previsti dall'eliminazione degli aiuti, anticipando un effetto positivo sugli investimenti e in generale sull'attività delle imprese.

Eliminati gli aiuti si dovrebbe ripensare anche il meccanismo degli ammortamenti anticipati, un'altra agevolazione fiscale che distorce le decisioni delle aziende perché favorisce quegli investimenti che possono meglio sfruttare questa agevolazione, indipendentemente dalla loro produttività o capacità innovativa.

E la ricerca industriale? Il modo più sbagliato per stimolare buona ricerca industriale è regalare soldi a un imprenditore solo perché questi è riuscito a inserire il nome della sua azienda in qualche elenco ministeriale. Negli Stati Uniti, il Paese che produce il maggior numero di brevetti al mondo, lo Stato aiuta l'innovazione in due modi: finanziando la ricerca di base, cioè quella che viene svolta nelle università, e generando, soprattutto attraverso il Pentagono, domanda per nuova tecnologia. Le batterie a lunga durata per i telefoni cellulari sono nate non perché il Governo americano ha elargito soldi a fondo perduto a qualche imprenditore, ma perché il Pentagono prometteva ricchi contratti a chi le avesse inventate.

Ma Parigi ha un modello?[6]

Un'illusione pericolosa si fa strada in Europa. Che la via per sopravvivere alla concorrenza di India e Cina sia affidarsi allo Stato e alla capacità dei governanti di scommettere su progetti vincenti, di finanziare aziende che diventino "campioni europei" (a qualcuno basterebbero nazionali). La Francia ha creato un'Agenzia pubblica per l'innovazione, dotandola di 6 miliardi di euro. Il commissario europeo per l'Industria, Gunter Verheugen, promette che quando è in gioco la creazione di uno di questi campioni Bruxelles avrà un occhio di riguardo nell'applicare le regole antitrust.

Mi è difficile dimenticare il passato. Negli anni Novanta Parigi spinse l'espansione del Crédit Lyonnais sino a farne la più grande banca al mondo fuori dal Giappone. Il successivo fallimento costò allo Stato alcuni punti di Pil, cinque o sei volte quanto oggi investe nella nuova agenzia.

Il tentativo di costruire un campione francese dell'informatica, Bull, non ha avuto migliore fortuna: l'azienda non è mai decollata e l'estate scorsa Bruxelles ha dovuto approvarne l'ennesima ricapitalizzazione, questa volta spendendo mezzo miliardo di euro. Il vero successo europeo nell'informatica, ST-Microelectronics, non ha avuto bisogno di denaro pubblico, ma dell'intuizione di un manager lungimirante, Pasquale Pistorio, dell'intelligenza di un'amministrazione pubblica (a Catania, non a Parigi o ad Hannover) che ha capito e favorito il progetto e di un capitale umano straordinario, i giovani siciliani. La prova che lo Stato non aveva capito nulla è che all'inizio delle privatizzazioni italiane, quando l'azienda era in difficoltà, voleva chiuderla.

Il controesempio è l'Airbus di Tolosa. È evidentemente un grande successo, ma è anche un esempio molto speciale, in un settore nel quale al mondo possono sopravvivere solo due aziende (Boeing e Airbus) e il coordinamento è la condizione per la sopravvivenza. Non è un caso che questo sia avvenuto in Francia, il Paese europeo che dispone dell'amministrazione pubblica più efficiente. E comunque nessuno ha mai fatto i conti di quanto sia costato ai contribuenti il progetto Airbus, né ci si è chiesti se quello era davvero il modo migliore per spendere quei denari. Il tentativo inglese di salvare la loro industria automobilistica concentrando tutte le aziende in un nuovo campione nazionale, la Leyland, ebbe solo l'effetto di accelerarne la scomparsa. Oggi la Gran Bretagna ha ottime aziende automobilistiche, in forte concorrenza fra loro, e tutte giapponesi. Ma che differenza fa per lavoratori e consumatori la nazionalità del padrone?

Le nostre aziende di successo (si leggano le storie raccontate da Fabrizio Onida in *Se il piccolo non cresce*[7]) non hanno bisogno di denaro pubblico, ma di un po' di concorrenza nei servizi, ad esempio quelli telefonici, di grandi banche internazionali che le aiutino quando vanno a Shanghai, e soprattutto di uno scambio: meno aiuti di Stato alle aziende grandi e decotte e meno tasse per quelle piccole e di successo. Ma Berlusconi è diventato ostaggio di banchieri autarchici e di grandi monopolisti: anche se le capisse, queste cose non può più farle.

Più interessante è sapere che cosa pensa Romano Prodi. Il professore bolognese ha dedicato gran parte della sua vita allo studio delle piccole imprese: creerebbe un'agenzia alla francese, o eliminerebbe l'Irap, finanziandola con un taglio degli aiuti di Stato alle grandi imprese?

Un premio all'Italia dei sussidi[8]

Prima dell'emendamento proposto dal Governo e approvato ieri dal Senato (e che il ministro dell'Economia ha definito con un eufemismo «un provvedimento pragmatico») la legge finanziaria era esattamente neutrale: i benefici della riforma fiscale (abbassamento delle aliquote sui redditi delle famiglie e ampliamento della *no tax area*) erano compensati da aumenti in altre tasse e gabelle, imposte sulle locazioni, bolli, sigarette. L'emendamento prevede ora nuove spese che verranno coperte tramite un ulteriore aumento delle tasse che il cittadino paga per gli atti pubblici: in totale il costo delle pratiche amministrative crescerà di 1,070 milioni, oltre 2000 miliardi di vecchie lire. Nel 2005, quindi, il prelievo fiscale complessivo aumenterà, seppur di poco. (In questi calcoli non ho tenuto conto del maggior gettito che il Governo prevede di incassare dai lavoratori autonomi, mediante la riforma degli studi di settore: se ciò si avverasse l'aumento complessivo sarebbe evidentemente ancor maggiore.) Ieri in Senato Siniscalco ha detto che la pressione fiscale comunque scenderà. Questo dipende dalle sue previsioni sulla crescita del reddito: l'unico fatto oggi certo è che il prelievo crescerà.

Se si sceglie di aumentare la spesa pubblica è inevitabile

che anche la pressione fiscale cresca, con buona pace della retorica del taglio delle tasse. Ma non è questo il problema. Ciò che lascia allibiti è la qualità delle nuove spese che sono state approvate.

Lo Stato rimborserà alla regione Calabria gli stipendi delle 11.500 guardie forestali che essa ha assunto (in Lombardia sono 450): costo, 150 milioni. È legittimo, e anche equo, ridistribuire il reddito verso la regione più povera, ma il modo in cui lo si fa è il peggiore possibile. Si privilegiano i raccomandati che sono riusciti a farsi assumere dalla Regione e si toglie loro ogni incentivo a trovare un lavoro vero. Se si voleva davvero aiutare i calabresi, perché non prevedere minori tasse per tutte le famiglie di quella regione o, meglio ancora, dare alle imprese calabresi un contributo per ogni nuovo lavoratore che assumono?

I lavoratori agricoli stagionali che lavorano meno di due mesi l'anno mantengono il diritto a ricevere un sussidio di disoccupazione nei mesi restanti: costo 70 milioni. Anche questi lavoratori avranno scarsi incentivi a trovare un secondo lavoro: non era meglio, se proprio li si voleva aiutare, sussidiare le aziende disposte ad assumerli il resto dell'anno?

Napoli e Palermo ricevono 150 milioni per continuare a retribuire i «lavoratori socialmente utili», una formula oscura per dire sussidi di disoccupazione. In tutta Europa i governi stanno studiando come riformare i sussidi per ridurre il numero di coloro che rimangono disoccupati a lungo e accrescere gli incentivi a trovare un lavoro: queste misure si muovono nella direzione opposta. Stabilizzano le persone nella situazione di disoccupazione e le rendono sempre meno occupabili: quale azienda assumerebbe un lavoratore socialmente utile, che è tale da cinque anni?

«Mi impegno a fare dell'Italia un laboratorio di efficienza dello Stato, perché se si eliminano gli sprechi si possono ridurre le tasse e, al tempo stesso, migliorare i servizi ai cittadini», disse Berlusconi l'11 maggio al Forum della Pubblica amministrazione. Altro che più efficienza: questo emendamento ricorda piuttosto i metodi dell'onorevole Lauro nella Napoli degli anni Sessanta.

Nella domenica della Ferrari[9]

Di fronte alla grave crisi della Fiat è solo naturale che il Governo cerchi una soluzione che consenta la ristrutturazione di Fiat Auto e la continuità di un'azienda che in Italia dà lavoro a 40.000 persone (oltre 100.000 se consideriamo anche l'indotto) e che ha rappresentato il cuore dell'economia italiana. Lo Stato italiano investe nella Fiat dal dopoguerra: con ripetuti contributi agli investimenti (5 miliardi di euro solo negli anni Novanta, tanti quanti i dividendi distribuiti agli azionisti in quel periodo); con la decisione, quindici anni fa, di vendere l'Alfa Romeo alla Fiat anziché alla Ford, e soprattutto con una legislazione che ha sempre favorito il trasporto su gomma rispetto alla ferrovia.

E, tuttavia, un conto è aiutare le parti a trovare una soluzione, e anche favorirla facendosi carico, tramite l'Inps, dei molti lavoratori che purtroppo perderanno il posto. Ben diverso è se lo Stato stesso diventasse un azionista importante di Fiat Auto, tramite Sviluppo Italia o un'altra società a capitale pubblico, e quindi con le tasse di tutti noi. In questa ipotesi (che il comunicato stampa del Governo dopo l'incontro di ieri con Fiat rende plausibile) è lecito porre alcune domande.

Innanzitutto, se lo Stato diventa azionista di Fiat Auto l'impegno che si assume non si esaurirà in questi giorni: per rimettere in piedi l'azienda, che nel 2002 perde 2 miliardi di euro, ci vorranno almeno tre anni e investimenti per 5 miliardi: il conto finale sarà vicino ai 10 miliardi, quasi l'1 per cento del Prodotto interno lordo italiano.

Non è vero che non esistono altre soluzioni. Solo quattro mesi fa, alla Commissione attività produttive del Senato, i manager Fiat ci assicuravano che l'azienda sarebbe uscita dalla crisi dell'auto. Oggi l'intervento pubblico sembra essere l'unica alternativa alla chiusura di stabilimenti come quello di Termini Imerese e al taglio di circa 8000 posti di lavoro. Io penso che lo Stato debba prendere il tempo necessario per valutare tutte le opzioni. Fiat Spa possiede, oltre a Fiat Auto, Iveco (veicoli industriali), Case New Holland (trattori), Comau, Marelli, Fiat Avio, una quota della Ferrari, Toro Assicurazioni e, attraverso questa, una quota importante di Capitalia. Perché si esclude la soluzione apparentemente più ovvia, cedere alcune di queste attività per recuperare risorse da investire nell'auto, così come si era iniziato a fare cedendo una quota della Ferrari?

La Fiat propone un piano che le consente di uscire dalla crisi evitando che i debiti del settore auto intacchino le altre attività. In qualsiasi situazione di crisi è lecito attendersi che l'azionista partecipi alla ristrutturazione con il proprio patrimonio. Perché ciò non dovrebbe avvenire anche nel caso della Fiat? L'unica, amara, risposta non può essere che l'azienda torinese non è più in grado di sostenere la competizione sui mercati internazionali. Alfa Romeo e Ferrari rimangono auto di grande successo. Fiat può ancora contribuire al rilancio dell'auto, non può esimersi dal partecipare alla ristrutturazione guidata da General Motors con le proprie risorse finanziarie. Non è quindi per nulla scontato che una partecipazione pubblica alla ricapitalizzazione sia necessaria.

E se anche Fiat Spa davvero non fosse disponibile, non potrebbero bastare le banche e la General Motors? Immagino che lo Stato voglia garantirsi, con una presenza azionaria diretta, che gli americani non smantellino l'azienda e non penalizzino l'occupazione. Ma è proprio questo il problema. La decisione se, o meno, in Italia vi sia un futuro per l'automobile deve essere industriale, non politica. Diversamente rischiamo di buttar via 10 miliardi.

Il coraggio che servirà agli Agnelli[10]

In Italia è ormai raro trovare capitalisti che abbiano il coraggio di rischiare e non rifuggano in nicchie ben protette, (energia, telefoni, banche, televisioni). Per capire quanto sia difficile la partita che la famiglia Agnelli e, in prima persona, John Elkann, ha deciso di continuare a giocare, basta leggere il lungo articolo che il «Financial Times» ha dedicato all'Italia, prefigurando un futuro nei servizi senza spazio alcuno per la grande industria. Il quotidiano di Londra propone come modello la Gran Bretagna, Paese che ha via via smantellato l'industria per concentrarsi nei servizi, in primis quelli finanziari. La scorsa settimana Blair non ha battuto ciglio quando l'americana General Dynamics ha acquistato Alvis, l'unico produttore inglese di carri armati, e Finmeccanica gli elicotteri della Westland.

Non è però del tutto evidente che l'Italia possa seguire il modello inglese: innanzitutto non abbiamo la tradizione di un grande impero, le nostre imprese di servizi sono tutte domestiche e Milano non è la City. Pensare di crescere puntando su questi settori, come suggerisce il «Financial Times», a mio parere ci porterebbe dritto dritto alla decadenza. D'altronde anche Francia e Germania difendono le loro industrie, a costo di dure battaglie con Bruxelles, come è accaduto il mese scorso quando il Governo di Parigi ha prima impedito l'acquisto di Aventis, un'azienda farmaceutica, da parte degli svizzeri di Novartis, e poi ha salvato Alstom, uno dei maggiori gruppi manifatturieri europei.

La scelta della famiglia Agnelli è coraggiosa: deve essere chiaro però che rischiare significa mettere in gioco non solo la propria reputazione, ma anche i propri denari. Fiat ha superato il momento più difficile, ma è ancora lontana dall'aver raggiunto l'equilibrio: nel primo trimestre di quest'anno ha perso 192 milioni di euro e servono risorse per recuperare il tempo perduto quando Toyota e Bmw investivano in ricerca tre, quattro volte più di Torino. È una sfida che si può ancora vincere, come dimostra il *turn-around* della Renault.

Rimane poi da risolvere il non trascurabile problema del rapporto con le banche: se la famiglia Agnelli non investe nell'azienda e le banche, come il contratto le obbliga a fare, convertono il loro credito (3 miliardi di euro) in azioni, esse diverranno il maggior azionista di Fiat. Qualora ciò accadesse le decisioni di questi ultimi giorni sembreranno più l'atto ambizioso e superbo di una famiglia nobile ma decaduta, che la scelta coraggiosa di una nuova generazione di imprenditori.

A differenza delle grandi dinastie europee dell'automobile, i Quandt della Bmw ad esempio, la ricchezza degli Agnelli è molto diversificata. Ifil, di cui posseggono il 62 per cento, contiene, oltre al 30,6 per cento di Fiat, partecipazioni in Worms e Rinascente, per un valore, al netto di Fiat, vicino ai 3 miliardi di euro. Smontare Ifil per investire in Fiat significa cancellare la felice creatura di Umberto Agnelli, ma mi sembra una decisione inevitabile. Compiuto questo sacrificio, la conversione in azioni del credito delle banche non toglierebbe più la maggioranza agli Agnelli; per Fiat sarebbe come chiudere un aumento di capitale al doppio dell'attuale prezzo di mercato delle azioni: una buona occasione, certo meno vantaggiosa per le banche che pagherebbero gli errori compiuti quando finanziavano qualunque avventura Torino proponesse, dalle assicurazioni ai trattori, senza mai chiedersi se ciò aiutasse a vendere automobili.

Sono trascorsi quattro anni dalla scomparsa di Enrico Cuccia, che nella sua lunga vita salvò la Fiat almeno due volte. Adesso tocca agli Agnelli.

Note

1. «Corriere della Sera», 19 aprile 2004.
2. Joel Mokyr, *La leva della ricchezza*, il Mulino, Bologna 2005.
3. «Corriere della Sera», 13 agosto 2004.
4. «Corriere della Sera», 3 settembre 2004.
5. «Corriere della Sera», 19 maggio 2004.
6. «Corriere della Sera», 26 gennaio 2005.
7. Fabrizio Onida, *Se il piccolo non cresce*, il Mulino, Bologna 2005.
8. «Corriere della Sera», 17 dicembre 2004.
9. «Corriere della Sera», 14 ottobre 2002.
10. «Corriere della Sera», 4 giugno 2004.

5
Liberalizzazioni mancate e autorità assediate

Il complesso del gambero[1]

I sindaci leghisti non privatizzeranno le loro aziende municipali; la regione Puglia non perderà il controllo del suo acquedotto, il più grande d'Europa; e province, regioni, comuni di ogni parte d'Italia continueranno, attraverso le loro fondazioni, a controllare quattro quinti delle banche italiane. «Il Governo intende realizzare privatizzazioni per 120.000 miliardi», aveva scritto il ministro dell'Economia, Giulio Tremonti, nel documento di programmazione economico-finanziaria: di fronte alla levata di scudi degli amministratori locali è stato costretto a una brusca frenata.

Già durante la campagna elettorale la Casa delle Libertà aveva del resto diffidato il Governo Amato dal concludere la vendita dell'acquedotto pugliese, caparbiamente difeso da un'amministrazione regionale guidata da Raffaele Fitto di Forza Italia. Poi, la settimana scorsa, la Lega ha imposto al Governo una modifica del decreto che consentirà ai comuni di vendere oltre il 50 per cento delle loro aziende. Privatizzarle completamente sarà possibile, ma non obbligatorio: il provvedimento sarà probabilmente depennato dal «programma dei cento giorni» e rimandato alla legge finanziaria. «Non consentiremo che le municipalizzate divengano preda di qualche straniero», ha detto il ministro delle Riforme Umberto Bossi.

Sulle fondazioni bancarie Tremonti, durante la campagna elettorale, aveva manifestato un'opinione fortemente critica della legge Ciampi, che egli, giustamente, ritiene troppo debole rispetto all'obiettivo di allontanare la politica dalle banche. Ma la modifica di questa legge è scomparsa dal programma dei primi «cento giorni» di Berlusconi.

Dobbiamo sorprenderci di fronte a queste incertezze? Ricordo il curioso invito di Forza Italia agli elettori di Roma nel giugno del 1997, al momento del referendum sulla privatizzazione della Centrale del latte: «Forza Italia è favorevole alla privatizzazione, ma invita a votare NO alla vendita della Centrale». E durante il dibattito parlamentare sulla legge Ciampi (novembre 1998) il senatore forzista Luigi Grillo, oggi presidente della Commissione lavori pubblici del Senato, dichiarò: «Io non comprendo perché il patrimonio delle fondazioni bancarie debba essere gestito da un investitore che siede a Wall Street. Noi siamo perché la legge consenta in piena autonomia alle fondazioni di decidere come, quando e perché investire il loro patrimonio».

Del resto resistenze sulle privatizzazioni sono diffuse anche fuori dalle forze politiche e riguardano perfino autorevoli opinionisti come Giuseppe De Rita che il 13 agosto ha scritto sul «Corriere della Sera»: «Le fondazioni sono state parti attive nel ridisegno del sistema bancario italiano, molto più di tanti più antichi e prestigiosi velieri finanziari». Argomenti che hanno certo una loro fondatezza storica, ma le vere priorità dell'Azienda Italia oggi sono altre. Un discorso analogo vale per Lanfranco Senn che nei giorni scorsi, sempre sul «Corriere», scriveva: «Occorre procedere con cautela alla privatizzazione della Sea, la Società che gestisce Malpensa e Linate: grave sarebbe la sua cessione a un concorrente». «Conviene privatizzare l'aeroporto di Capodichino se poi a comprare sono gli stranieri?», chiese qualche tempo fa uno studente al sindaco di Napoli. «Volevo che i napoletani avessero il miglior aeroporto d'Italia», gli rispose l'allora primo cittadino, Antonio Bassolino: a tre anni dalla cessione alla British Airport Authority oggi Capodichino sembra quasi un aeroporto europeo.

I primi passi del Governo sulle privatizzazioni rischiano insomma di essere quelli del gambero. Cessioni per 120.000 miliardi consentirebbero una riduzione della spesa per interessi sufficiente a finanziare un aumento delle pensioni minime, o 6000 miliardi di sgravi fiscali. Comuni e regioni possono permettersi di non privatizzare perché avvertono in modo molto attenuato i vincoli del Patto europeo di stabilità. Ma se cederà alle loro pressioni, Tremonti dove troverà i soldi per realizzare le sue promesse?

Le privatizzazioni di Giulio Tremonti: solo i tabacchi di Stato[2]

«Privatizzare» significa cedere a privati il controllo di imprese precedentemente in mano pubblica: il senatore Franco Debenedetti ha persino depositato in Parlamento un progetto di legge (Ddl 2566) che vieterebbe allo Stato di usare il termine «privatizzazione» quando colloca sul mercato azioni di società delle quali continua a detenere il controllo, Enel ad esempio. Secondo questa definizione, nei suoi tre anni al ministero dell'Economia Giulio Tremonti ha compiuto una sola privatizzazione: la vendita, che peraltro ha avuto molto successo, dell'ex Monopolio tabacchi. Aver spostato partecipazioni dello Stato nella Cassa Depositi e Prestiti, dopo avervi fatto entrare le Fondazioni bancarie, è stato invece un passo indietro rispetto alle privatizzazioni: se mai volesse davvero privatizzare Enel o Eni, oggi il ministro dell'Economia dovrebbe ottenere il consenso delle fondazioni. Proprio questo è il motivo che indusse Guido Carli, nel 1991, a concentrare nel Tesoro le partecipazioni prima in parte attribuite alla Cassa.

Le cartolarizzazioni di immobili pubblici sono state un'innovazione importante del ministero Tremonti, presa ad esempio in altri Paesi europei, ma non priva di rischi. Innanzitutto perché, contrariamente alle privatizzazioni, Eurostat consente che quei ricavi entrino nel bilancio corrente dello Stato, anziché essere destinati esclusivamente a ridurre il debito. Inoltre, se si cartolarizzano immobili pubblici che poi lo Stato deve riaffittare, come le caserme, vi è certamente un guadagno di efficienza, ma il valore attuale dell'operazione deve tener conto del costo degli affitti futuri[3].

«Il problema del capitalismo italiano non è questione di "classi" ma di "strutture", non di capitalisti ma di istituzioni. L'essenza materiale del problema del capitalismo in Italia è che in Italia mancano i fondi pensione.» Su questa affermazione di Giulio Tremonti sarebbe importante aprire una discussione. Innanzitutto non sono d'accordo che il problema non sia anche di «capitalisti»: i Dassault e Lagardère in Francia, Asso Platner e i Quandt in Germania, i Wallenberg in

Svezia danno un contributo importante al capitalismo di quei Paesi; può Tremonti citare un solo industriale italiano che si sia fatto avanti con lui per acquistare Finmeccanica, anziché il solito quasi-monopolio di telefoni, luce o gas? Per questo scrivevo che la tesi, secondo la quale in Italia talvolta lo Stato è un imprenditore migliore dei privati, non può essere tralasciata.

Quanto ai fondi pensione, mi viene il dubbio che attribuire le difficoltà delle privatizzazioni alla loro assenza sia un alibi, condiviso peraltro anche da Giuliano Amato. È indubbio che la presenza di grandi investitori istituzionali come i fondi pensione rende più facile privatizzare, ma perché questi soggetti dovrebbero essere italiani? I fondi inglesi e olandesi impiegherebbero poche ore ad assorbire l'intero capitale residuo di Enel. Allora perché italiani? Forse perché speriamo che fondi nostrani sarebbero più teneri con le aziende, magari quando si tratta di ridurre il numero dei dipendenti?

Giulio Tremonti ha comunque sollevato un problema importante. Resta il profondo rammarico che egli sia l'unico esponente della cosiddetta Casa delle Libertà con cui si possa discutere di questi temi. Forse non è un caso che lo abbiano costretto a lasciare il Governo.

E le imprese fanno finta di niente[4]

Dopo quasi un anno di Governo, le privatizzazioni restano al palo. Non solo quelle nobili, Eni, Enel, le Poste ormai risanate, Finmeccanica, Rai, Alitalia, ma anche quelle minori. Mesi fa il presidente azzurro della regione Puglia, Raffaele Fitto, bloccò la vendita dell'acquedotto pugliese, sostenendo che fosse di sua competenza: da allora egli pare più interessato a scegliere il nuovo amministratore unico della società che a privatizzarla. Lo stesso accade a Verona, dove la quotazione in Borsa di Agsm, l'azienda locale di luce e gas, è stata annullata in attesa che la Casa delle Libertà scelga i propri candidati alle prossime elezioni amministrative. E a Trieste il nuovo sindaco, il forzista Roberto Dipiazza, sembra non essersi accorto che la sua azienda municipale è stata quotata in Borsa, e ne sceglie amministratori e strategie come fosse ancora roba sua. Nelle privatizzazioni insomma la maggioranza sembra comportarsi come i gamberi: sono più i passi indietro che quelli avanti. Caso emblematico il nuovo regolamento sulle fondazioni bancarie emanato settimana scorsa dal ministro Tremonti: per eliminare, cosa sacrosanta, l'anomalia di fondazioni che controllano se stesse, egli ne trasferisce la proprietà a comuni, regioni e province: in Italia le banche private erano più numerose ai tempi dell'Iri e delle vecchie Casse di Risparmio. Ma sarebbe sbagliato pensare che tutte le responsabilità siano del Governo. A questi passi indietro i privati oppongono un assordante silenzio.

Le uniche aziende pubbliche alle quali i nostri imprenditori maggiori sembrano davvero interessati sono aeroporti e municipalizzate, imprese protette da forti monopoli locali: acquistarle è come comprare un Btp e staccare ogni anno una ricca cedola. Non una voce sul futuro dell'Eni, su Finmeccanica, forse l'ultima grande azienda italiana ad avere ancora qualche ambizione tecnologica, o STMicroelectronics, impresa pubblica e unico serio concorrente al mondo di Intel e Motorola nella tecnologia dei processori. Di fronte alle difficoltà della concorrenza internazionale i nostri industriali sembrano rifugiarsi in aree ben protette: Fiat nell'energia elettrica, dove il mercato è diventato un tranquillo duopolio spartito tra Edison e Enel; Pirelli nei telefoni; i Benetton, un tempo coraggiosi imprenditori, nel monopolio degli Autogrill sulle autostrade. (Non tutti per la verità: molti, soprattutto i più piccoli, Del Vecchio, Barilla, i Fumagalli della Candy, Bertelli, hanno saputo far leva sulle potenzialità delle loro imprese italiane per conquistare importanti aziende all'estero.)

Negli anni Novanta l'Italia ha fatto passi importanti nelle privatizzazioni: il valore delle aziende collocate sul mercato è stato secondo solo all'Inghilterra ai tempi di Margaret Thatcher. E, tuttavia, oltre la metà di queste vendite rimane incompleta, perché lo Stato ha mantenuto il controllo delle società. L'ultimo miglio delle nostre privatizzazioni sarà il più importante, quello che disegnerà il futuro industriale dell'Italia. È indiscreto chiedere che cosa ne pensano i nostri industriali? Oppure, come negli anni Settanta e Ottanta, continuano ad accontentarsi che queste aziende siano terreno di conquista della politica?

Ma Milano ha un tesoro e non lo usa[5]

Milano ha molti progetti, ma scarse risorse finanziarie. L'estensione della metropolitana corrisponde più o meno a quella di Londra all'inizio del Novecento, e l'ultima linea è stata inaugurata vent'anni fa; Linate è forse il solo grande aeroporto europeo a non essere collegato alla città con un treno; per il progetto di una grande biblioteca non ci sono i fondi, mentre il sindaco Albertini sogna tre "Central park" e un tunnel per togliere le auto dalla cerchia dei Bastioni.

Diversamente da Roma e Venezia, Milano non ha leggi speciali: la possibilità di realizzare queste opere dipende dalle risorse finanziarie del comune e dai trasferimenti che riceve dallo Stato, ma dei 192 milioni di euro che Berlusconi aveva promesso al sindaco non c'è traccia nel documento di programmazione economico-finanziaria. La cosa curiosa è che Milano è seduta su un tesoro, ma la sua classe politica, come Paperon de' Paperoni, preferisce contare ogni sera i propri dobloni d'oro, anziché usarli per realizzare le opere di cui la città ha bisogno.

Il tesoro ha due nomi: Aem, la società municipale per l'elettricità e il gas, quotata in Borsa e della quale il comune possiede il 51 per cento, e Sea, la società che gestisce Malpensa e Linate, ancora interamente pubblica. Insieme queste due partecipazioni valgono oltre 2 miliardi di euro: 1,2 il 50 per cento di Aem, valutando la società al valore delle azioni in Borsa, e un miliardo la Sea, utilizzando come riferimento i 480 milioni recentemente pagati dagli australiani per il 45 per cento degli aeroporti di Roma. Sull'Aem le opposizioni accusano il sindaco di aver svenduto la società: nel 1998 la prima tranche di azioni fu offerta al pubblico a 0,8 euro l'una; oggi, nonostante la forte caduta della Borsa, valgono il 50 per cento di più. Ma l'errore non è stato il prezzo di vendita, che fu stabilito dal mercato, bensì le condizioni dell'offerta, limitata al 49 per cento, con il comune che rimaneva in maggioranza. Il prezzo fu basso perché gli investitori non si fidavano: a leggere ciò che accade in questi giorni nell'Aem è difficile dar loro torto. Gli amministratori dell'azienda, vedendo quanto sono bassi i tassi di interesse, vorrebbero indebitarsi a lungo termine per un miliardo di euro: utilizzerebbero questi fondi in parte per ristrutturare il debito della società, in parte per approntare riserve che consentano loro di approfittare di qualche buona occasione. In un'azienda normale basterebbe la delibera del consiglio di amministrazione, in Aem ci vuole il consenso del consiglio comunale, che non capisce, è sospettoso e finora non ha dato l'autorizzazione. Sono pronto a scommettere che se il comune cedesse ai privati la totalità dell'azienda incasserebbe un premio cospicuo sull'attuale valore di Borsa.

Sulla privatizzazione della Sea vi è un grande equivoco: il sindaco vorrebbe vendere le azioni sul mercato, la Lega è convinta che privatizzare la società significhi vendere le azioni del comune di Milano alla provincia di Varese: «Non vorrete mica che ad acquistare sia uno "straniero"?».

Alcuni sostengono che il comune non ha bisogno delle privatizzazioni: con il *project financing* le metropolitane le possono fare i privati. Non esiste al mondo una sola opera di trasporto pubblico che sia stata interamente realizzata dai privati (una in realtà esiste, a Hong Kong). In generale il finanziamento è 40 per cento privato, 60 per cento pubblico, nella forma o di un contributo diretto al costo di realizzazione o di una garanzia sul debito emesso dai privati, il che è sostanzialmente la stessa cosa. Con 2 miliardi di euro il comune potrebbe avviare opere per 6,5 miliardi, abbastanza per realizzare la quarta e la quinta linea della metropolitana senza chiedere la carità a Berlusconi. Che cosa racconteranno i consiglieri comunali alle prossime elezioni: che non hanno avviato queste opere perché occupati a gestire Sea e Aem? Il sindaco Albertini queste cose le ha capite da tempo, ma è stretto tra la Lega che vuole vendere alla provincia di Varese (ma davvero è tanto ricca?) e Forza Italia che ragiona ancora come nel 1998, ai tempi della privatizzazione della Centrale del latte di Roma.

D'altronde, nel suo primo Dpef, quello del 2001, Giulio Tremonti aveva annunciato «privatizzazioni per 60 miliardi di euro»; in quello appena presentato parla, solo vagamente, di una «ripresa delle privatizzazioni», e non a caso la parola non compare mai nella lunga intervista che il ministro dell'Economia ha dato ieri al «Corriere della Sera». Mi creda, signor sindaco, non dia retta alla sua maggioranza, vada avanti e vedrà che alla fine i cittadini la premieranno.

L'incredibile decisione di multare Ryanair[6]

La decisione di Bruxelles di imporre a Ryanair la restituzione di una parte dei benefici ottenuti dall'aeroporto belga di Charleroi non solo si fonda, a mio parere, su un evidente errore teorico, ma dimostra che la Commissione europea non ha capito la trasformazione che sta avvenendo nel trasporto aereo di massa, una vera rivoluzione che fra poco ci consentirà di volare gratis. Invece, la decisione di ieri rischia di condurre Ryanair al fallimento. Così, anziché volare da Treviso a Londra con 20 euro, ricominceremmo a pagarne dieci volte tanto al duopolio Alitalia-British Airways.

Il motivo formale della condanna è che Charleroi è uno scalo pubblico e l'agevolazione concessa (una riduzione dei diritti pagati dalla compagnia per l'uso dell'aeroporto) equivale quindi a un aiuto di Stato. Per di più – e questo è l'argomento sul quale il commissario ai Trasporti Loyola de Palacio ha più insistito – Ryanair è stata privilegiata in quanto Charleroi non avrebbe offerto simili agevolazioni ad altre compagnie. I benefici ottenuti da Ryanair non equivalgono a un aiuto, sono più simili alla protezione di un brevetto, e come tale avrebbero dovuto essere considerati, altrimenti addio idee nuove e voli a basso costo. Prima di Ryanair nessuno aveva avuto l'idea di attrezzarsi per usare su larga scala i piccoli aeroporti, come Treviso, Ciampino, Pescara, Stanstead: solo a Charleroi il traffico è passato da 200.000 a 1,8 milioni di passeggeri l'anno. Ryanair avrebbe fatto l'investimento se, il giorno dopo, i suoi concorrenti avessero potuto usufruirne alle stesse condizioni? Evidentemente no, come un inventore non corre i rischi di commercializzare la sua invenzione se il brevetto non è protetto, almeno per qualche anno.

Nel considerare le agevolazioni un aiuto di Stato la Commissione sembra non aver capito la portata rivoluzionaria dell'idea imprenditoriale di Michael O'Leary, l'amministratore delegato di Ryanair. Come ha spiegato alcuni mesi fa in una lunga intervista al «Financial Times», egli si è proposto di far viaggiare i suoi passeggeri gratis, trasferendo il costo del trasporto sugli aeroporti che si finanzierebbero grazie agli acquisti che i passeggeri fanno mentre vi transitano. Il vantaggio per il consumatore è evidente: viaggia gratis, ma nessuno lo obbliga a fare acquisti mentre attende l'aereo, anche se la maggioranza trova comodo servirsi dei negozi localizzati dentro gli aeroporti.

L'Alitalia e i liberisti del centro-destra[7]

Se resta ancora qualche traccia di liberismo nel Governo Berlusconi, mi aspetto che i ministri Tremonti e Martino, quel che rimane dell'anima liberista del centrodestra, votino contro il salvataggio dell'Alitalia con il denaro dello Stato e rendano pubblica la loro opposizione.

Ogni ora di volo la compagnia perde 50.000 euro: più vola, più perde. Negli ultimi tre esercizi ha perso 400 milioni di euro l'anno; nel 2004 si appresta a perderne altri 100. Mentre il mercato italiano del traffico aereo si apriva alla concorrenza e la quota di Alitalia scendeva in pochi anni dall'80 al 50 per cento, la società non è stata capace di recuperare sul mercato internazionale dove è divenuta pressoché irrilevante: ha una quota di mercato di poco superiore al 5 per cento in Europa e vicina all'1 per cento nel resto del mondo. D'altronde come potrebbe fare di più con solo 27 aerei a lungo raggio, contro i 110 di Air France e i 260 di British Airways?

La protezione offerta dall'azionista pubblico rende fortissimi i sindacati interni: i suoi piloti volano meno di 500 ore l'anno, contro le 630 dei piloti di British Airways. Mentre le compagnie aeree di tutto il mondo si sono affidate a Internet per tagliare i costi, Alitalia continua a servirsi di strutture ottocentesche: basta visitare la biglietteria milanese di via Albricci per capirlo.

Berlusconi ha detto che il Governo rilancerà la compagnia. Ha omesso di dire tutta la verità. E la verità è che intanto il Governo coprirà le perdite di Alitalia con il denaro dei contribuenti: prima offrendo l'ombrello di cassa integrazione e prepensionamenti a carico dell'Inps, poi – sarà inevitabile – ricapitalizzando la società per coprire le perdite. Ha colpito ieri il silenzio della Commissione europea, soprattutto poche settimane dopo una decisione dura, e a mio parere immotivata, contro Ryanair, la compagnia aerea che ha aperto il mercato europeo alla concorrenza. Non è difficile prevedere come andrà a finire: non appena la decisione del Consiglio dei ministri sarà resa pubblica, il Commissario alla concorrenza Mario Monti annuncerà che il piano lascia intravedere un aiuto pubblico e quindi deve essere modificato. Seguiranno un lungo contenzioso e un periodo di grande incertezza. Se il Governo non potesse ricapitalizzare la società, questa si avvierebbe alla liquidazione: come si comporterebbero le banche? Continuerebbero ciononostante a concedere linee di credito ad Alitalia?

È vero che la Francia è riuscita a piegare Bruxelles e a ottenere, di fatto, il via libera per gli aiuti pubblici ad Alstom: ma quella è un'azienda che produce alta tecnologia, con ricadute positive su tutto il sistema industriale francese, non una compagnia aerea che non sa stare sul mercato. Non sarebbe stato meglio se Bruxelles avesse annunciato il suo stop prima, non dopo la decisione del Governo italiano? Magari era proprio questo ciò che Berlusconi aspettava: poter dare la colpa a Bruxelles per una decisione della quale egli probabilmente è convinto, ma che non riesce a imporre a Fini e Bossi. Si rischia così di illudere Alitalia e le banche che il problema sia risolto, salvo accorgersi del guaio fra qualche mese, quando il decreto dovrà essere smontato perché contrario alle regole europee.

La Sirena elettrica del ministro Amato[8]

«Con legami strettissimi dovete legarmi, perché io resti fermo, in piedi sulla scarpa dell'albero: a questo le corde m'attacchino. E se vi pregassi, se vi ordinassi di sciogliermi, voi con nodi più numerosi stringetemi.» Così Ulisse, seguendo i consigli di Circe, evita l'attrazione delle Sirene che «col canto armonioso stregano», mentre «pullula intorno la riva di scheletri».

Giuliano Amato è sul punto di cedere all'attrazione fatale delle Sirene, illudendosi che un comportamento più conciliante dell'Autorità per l'energia e il gas, l'istituzione preposta alla regolamentazione del mercato elettrico, gli consenta di vendere l'Enel a un prezzo più elevato. È un errore sorprendente, soprattutto da parte di chi tanto ha contribuito, come presidente dell'Antitrust, a far comprendere al nostro Paese l'importanza di autorità indipendenti.

Le tensioni, tra Governo e autorità, sono un fatto naturale. Quando si tratta di istituirle i governi si vantano di aver creato un assetto di regolamentazione trasparente e designano a presiederle individui di grande prestigio e indipendenza, garanti della rinuncia della politica a interferire con i mercati. Ma quando le autorità decidono, soprattutto quando le loro decisioni riguardano imprese pubbliche, come nel caso di Enel, il Governo si pente, e si chiede se sia stato davvero saggio creare soggetti tanto autorevoli e indipendenti.

Qualcuno, nei giorni scorsi, ha suggerito una semplice leggina: basta un articolo per ridurre l'Autorità all'obbedienza. Ci sono stati momenti, negli anni Ottanta in Gran Bretagna, in cui la signora Thatcher avrebbe volentieri mandato al rogo il professor Littlechild, il regolatore dell'industria elettrica inglese che lei stessa aveva nominato. Non lo fece solo perché, come Ulisse, si era legata le mani e rimuoverlo era pressoché impossibile.

Anche le autorità possono sbagliare, ed è possibile che nelle questioni specifiche che riguardano Enel abbia ragione Amato, non il professor Ranci, presidente dell'Autorità. Ma in gioco non sono le cifre, pur rilevantissime, della privatizzazione dell'Enel. Se il Governo e il professor Ranci dessero anche solo l'impressione di essere venuti a patti, l'Autorità perderebbe ogni prestigio. Chi garantirebbe che domani, di fronte a un'Enel privata, il Governo non userebbe la propria influenza sull'Autorità per imporre proprio il contrario di ciò che oggi chiede: una regolamentazione più rigida a beneficio di tutti i cittadini e a danno dei soli azionisti di Enel? Ma se sorgesse questo dubbio è proprio sicuro il ministro del Tesoro che un atteggiamento più conciliante del professor Ranci accrescerebbe il valore di mercato dell'Enel? (È sorprendente quanto pregnante sia l'immagine rievocata da Omero: Ulisse si lega all'albero della nave proprio per impedire a se stesso di fare ciò che, *ex ante*, gli appare un errore e sapendo che, *ex post*, i suoi incentivi saranno diversi.)

Note

1. «Corriere della Sera», 25 agosto 2001.
2. «Corriere della Sera», 21 luglio 2004.
3. Su questi temi rimando all'ottimo articolo di Carlo Scarpa "Le privatizzazioni di Tremonti", sul sito <www.lavoce.info>.
4. «Corriere della Sera», 26 aprile 2002.
5. «Corriere della Sera», 21 luglio 2003.
6. «Corriere della Sera», 4 febbraio 2004.
7. «Corriere della Sera», 27 febbraio 2004.
8. «Corriere della Sera», 17 luglio 1999.

6
L'Italia del non-lavoro

Perché abbiamo il più basso tasso di occupati[1]

L'economia italiana ha due facce. Da un lato ci sono settori con una produttività straordinaria e una posizione preminente nei mercati internazionali. Ad esempio la meccanica in Veneto e in Emilia (Carraro, Ducati), l'industria degli occhiali nel Nord-Est (Luxottica), aziende i cui nomi sono noti in tutto il mondo, e sempre più spesso sono "appetite" dai loro maggiori concorrenti stranieri o dai grandi investitori internazionali, come nel caso della Piaggio e di Stefanel. Dall'altro, l'economia nel suo complesso è stagnante: da un decennio ormai l'Italia cresce meno della media europea, già molto bassa rispetto a quella degli Stati Uniti. Negli ultimi otto anni il reddito pro capite è aumentato, in media, del 3,2 per cento all'anno negli Usa, del 2 in Europa, solo dell'1,2 in Italia. Come si conciliano questi due fatti? La risposta è semplice e ricca di conseguenze per la politica economica.

Il reddito pro capite di un Paese (e cioè il Pil diviso per la popolazione totale) dipende da due fattori: la produttività di chi lavora (e cioè il Pil diviso per il numero degli occupati) e il numero dei lavoratori sul totale della popolazione.

Affinché un aumento della produttività di chi lavora faccia crescere il reddito pro capite è quindi necessario che esso non sia vanificato dalla contemporanea riduzione nel numero degli occupati sul totale della popolazione. E ciò accade non solo quando aumenta la disoccupazione ma anche quando cresce il numero di coloro che non partecipano alla forza lavoro: studenti, pensionati, disoccupati che si scoraggiano e smettono di cercare, abbandonando così la forza lavoro.

In Italia la stagnazione del reddito nasconde due fenomeni che si cancellano a vicenda. Cresce la produttività, grazie all'espansione delle aziende più dinamiche ed efficienti ma si riduce la quota di chi lavora rispetto al totale della popolazione. Il risultato è che i settori produttivi, per quanto corrano, non riescono a "tirarsi dietro" una massa sempre più numerosa di persone che non lavorano.

I dati sulla partecipazione alla forza lavoro sono quasi incredibili. Il rapporto tra forza lavoro (e cioè gli occupati più i disoccupati che cercano lavoro attivamente) e persone in età lavorativa è il 78 per cento negli Usa, il 76 in Gran Bretagna, il 68 per cento circa in Francia e Germania, il 58 in Italia, il valore più basso in tutta l'Unione europea. Tra tutti i Paesi dell'Ocse uno solo ha un tasso di partecipazione inferiore a quello italiano, la Turchia, con il 53 per cento. Tenuto conto del fatto che quel 58 per cento italiano comprende i disoccupati, in Italia lavora, o cerca lavoro, solo la metà delle persone in età lavorativa. Questa percentuale è più bassa oggi di quanto non lo fosse nel 1970, mentre negli Stati Uniti è passata dal 65 per cento al 78 per cento. È vero che una piccola parte di questi 5 italiani su 10 che ufficialmente non lavorano partecipa all'economia sommersa, ma è una magra consolazione: non è certo in questi settori il futuro dell'economia italiana.

Da cosa dipende questa straordinaria propensione a non cercare un lavoro? Innanzitutto da un sistema pensionistico eccezionalmente generoso che, grazie alle pensioni di anzianità, rende attraente, quando addirittura non obbligatorio, abbandonare il lavoro in età sempre più giovane relativamente a una attesa di vita sempre più lunga.

In secondo luogo l'elevata pressione fiscale (necessaria per pagare le pensioni ai cinquantenni) colpisce chi produce, rendendo meno attraente il lavoro, soprattutto per il secondo membro di una famiglia. Quando l'uomo lavora, spesso la donna preferisce rimanere a casa se l'alternativa è un'aliquota marginale di coppia elevatissima.

Infine, un'università che accoglie chiunque non offre alcun disincentivo a prolungare indefinitamente i cosiddetti "studi", e riproduce all'interno della famiglia i mali del Paese: giovani di quasi trent'anni che sopravvivono grazie al lavoro di un capo-famiglia che lavora per tutti.

La riforma delle pensioni è spesso affrontata come un problema redistributivo, un gioco a somma zero: quanto l'uno guadagna, l'altro perde. Posto in questi termini il problema inevitabilmente si risolve dando "di più" a chi ha maggiore potere politico. Il professor Nicola Rossi, il deputato dei Ds, auspica, in un libro fortunato, che si dia: «Meno ai padri e più ai figli». Ma se i sindacati sono potenti, o gli anziani in maggioranza (in Italia le due cose coincidono, dato che gli anziani sono la maggioranza all'interno di ciascun sindacato), accadrà proprio il contrario di quanto auspica Nicola Rossi.

Il grande spreco dei fuori corso[2]

Nonostante la new economy sia la società dei giovani, in Italia il passaggio dalla scuola al lavoro continua a essere un'esperienza difficile, che avviene a un'età in cui i giovani di altri Paesi sono già alla seconda, o alla terza esperienza di lavoro. Una famiglia indulgente e un sistema universitario che non scoraggia i perdigiorno sono le cause di un fenomeno che sempre più allontana i giovani italiani dai loro coetanei europei e americani.

La durata degli studi non è la causa principale della lenta transizione dalla scuola al lavoro: solo l'8 per cento degli studenti universitari finisce nel tempo previsto; la metà impiega, per laurearsi, un tempo doppio rispetto a quello stabilito. E non perché il fenomeno degli studenti-lavoratori sia particolarmente diffuso: sono solo l'11 per cento. I ragazzi italiani si laureano, in media, a più di ventisette anni, e senza essersi mai affacciati sul mercato del lavoro.

Tutto ciò avviene mentre quasi due terzi degli studenti si perdono per strada, abbandonando gli studi. Questo non è un segno di severa selezione ma il contrario, dato che in Italia gli esami si possono fare e rifare a piacere. Come spesso accade, chi più è danneggiato da questo sistema è chi ha meno opportunità: infatti la durata degli studi universitari si allunga al diminuire del reddito familiare, un fenomeno sorprendente, che lascia intravedere una massa di giovani demotivati e che conducono una vita grama.

La mancanza di limiti di tempo alla condizione di studente spiega perché la partecipazione alla forza lavoro fra i ventenni italiani sia di quasi dieci punti percentuali sotto quella dei loro coetanei nel resto dell'Unione Europea. Quasi un giovane su tre in età compresa tra venticinque e ventinove anni non è nella forza lavoro. Se non cercano lavoro, che cosa fanno questi giovani? Sono a spasso per le università.

Altrove in Europa i giovani a venticinque anni sono già in gran parte attivi sul mercato del lavoro: a quell'età il tasso di partecipazione maschile supera l'80 per cento. In Europa, con l'eccezione della Spagna, solo tre *ragazzi* su dieci, nella fascia di età fra i venticinque e i ventinove anni, vivono ancora con i genitori; in Italia sono sei su dieci, e non a caso il tasso di partecipazione fa un balzo non appena un giovane abbandona la famiglia e ne forma una propria.

Il grande ritardo con cui i giovani entrano nel mercato del lavoro è una delle cause del dissesto del nostro sistema pensionistico: mi colpisce la scarsa attenzione che viene dedicata a questo fenomeno che è forse più importante, per la sostenibilità del sistema, dello stesso innalzamento dell'età per andare in pensione.

L'impatto sui conti dell'Inps non è neppure la conseguenza più preoccupante del basso tasso di partecipazione dei giovani. Se trascorrono sei-sette anni dal giorno in cui ci si iscrive a una facoltà a quello in cui si cerca il primo lavoro, è facile compiere scelte sbagliate. In un mondo in cui la tecnologia muta rapidamente si può diventare obsoleti prima ancora di aver trovato lavoro. (Un anno dopo la laurea il tasso di disoccupazione in Italia è il 63 per cento, contro il 15 in Germania.) Un Paese che tiene i giovani tanto a lungo lontani dal lavoro non solo rinuncia a impiegare le intelligenze più brillanti di cui dispone, ma le spreca.

I sotto-italiani esclusi dai patti[3]

Raramente è accaduto, in Europa, che dei governi abbiano cercato e, in buona parte, ottenuto rapporti altrettanto buoni con imprenditori e sindacati; la ricerca di questa intesa è particolarmente evidente nell'operato del Governo D'Alema e, nonostante alcuni episodi di aperto conflitto, anche con il Governo Jospin in Francia e Schröder in Germania. La grande armonia che i governi della sinistra europea sono riusciti a stabilire con imprese e sindacati si fonda su un patto molto semplice: ai sindacati questi governi assicurano che i privilegi di cui godono i loro iscritti (pensionati e chi un lavoro ha già) non siano intaccati; alle imprese offrono protezione dalla concorrenza internazionale, nel mercato dei beni e in quello in cui si scambiano la proprietà e il controllo delle imprese.

Il beneficio più evidente di questa nuova armonia è la scomparsa dell'inflazione. Per oltre due decenni, in Europa, l'inflazione è stata il modo inconcludente con cui governi, imprese e sindacati hanno cercato di risolvere il conflitto intorno alla distribuzione del reddito. I sindacati tentavano di appropriarsi di una quota maggiore dei profitti chiedendo salari più elevati, le imprese li difendevano invocando la svalutazione: governi e banche centrali (con l'eccezione notevole della Bundesbank) mantenevano la pace sociale acconsentendo alle loro richieste. Il primo in Europa a comprendere che per interrompere questa spirale perversa era necessario un patto di politica dei redditi fu Carlo Azeglio Ciampi, nell'estate del 1993: l'Unione monetaria è stata il coronamento di quell'intuizione fortunata.

E, tuttavia, la nuova intesa fra governi, sindacati e imprese è possibile solo perché due parti non sono rappresentate: i disoccupati, soprattutto i giovani disoccupati, e i consumatori. È ignorando i loro interessi, anzi, scaricando su di essi il costo dell'armonia tra Governo, sindacati e imprese che l'intesa si mantiene e si rafforza.

Per comprendere come si sia potuti arrivare a questa situazione è necessario ripercorrere le vicende economiche dell'Europa nell'ultimo trentennio. La crescita straordinaria degli anni Cinquanta e Sessanta avvenne senza tanto badare alla distribuzione del reddito tra capitale e lavoro: anzi, proprio gli elevati profitti sostennero quella crescita. Alla fine degli anni Sessanta, con il Maggio francese e l'Autunno caldo italiano, la distribuzione del reddito iniziò a correggersi: in pochi anni la quota del lavoro sul reddito nazionale aumentò di 5 punti. Di fronte a questo cambiamento nei rapporti di forza, gli imprenditori si trovarono disarmati: gli investimenti ormai erano fatti e, nonostante cercassero di difendere i profitti con la svalutazione, non vi era alternativa al cederne ai lavoratori una quota importante.

Ma gli imprenditori hanno le mani legate solo fino a quando i vecchi impianti non sono ammortizzati. Nel momento in cui devono decidere i nuovi investimenti essi sono di nuovo liberi: possono scegliere di investire nel proprio Paese o di emigrare, e di utilizzare tecniche a elevata intensità di capitale, che riducono al minimo il ruolo del lavoro nel processo produttivo.

È ciò che è accaduto in Europa. Per lo più le imprese europee non sono emigrate, ma hanno via via sostituito lavoratori con macchine: tra il 1970 e il 1995 il rapporto capitale-lavoro è più che raddoppiato (+225 per cento), mentre cresceva solo del 25 per cento negli Stati Uniti. Così il capitale si è riappropriato dei profitti: negli anni Novanta la quota del lavoro sul reddito nazionale è ridiscesa, ed è oggi più bassa che negli stessi anni Sessanta.

In questa rivincita del capitale l'Italia si è distinta: non solo l'inversione nella quota dei profitti è avvenuta prima che altrove (iniziò già nel 1977-78), ma il recupero complessivo è stato maggiore che in Francia e in Germania: un aumento di quasi 10 punti contro 6 in Francia e 7 in Germania.

Il risultato di tutto ciò è uno scenario desolante del mercato del lavoro: in vent'anni la percentuale degli occupati (maschi) sul totale della forza lavoro (che in questi anni è rimasta sostanzialmente stabile negli Stati Uniti) è scesa, nell'Europa continentale, di 12 punti. E tuttavia l'utilizzo di nuove tecniche di produzione non sempre è stata sufficiente per aggirare i vincoli del mercato del lavoro. Talune imprese hanno comunque scelto di emigrare: tra il 1985 e il 1995 la quota degli occupati localizzati nelle filiali estere di imprese italiane è salita dal 5 al 13 per cento, un deflusso non compensato da un corrispondente volume di investimenti esteri in Italia.

È in questa situazione che è intervenuta la nuova intesa tra governi, sindacati e imprese. Per evitare che le imprese emigrino, non potendo offrire loro maggiore flessibilità nel mercato del lavoro o minori imposte – i sindacati non lo consentirebbero – si offrono privilegi (la legge italiana che ha recepito la direttiva di Bruxelles in materia di liberalizzazione dell'industria elettrica ne è un esempio recente), oppure protezione dalla concorrenza internazionale, come sta accadendo un po' dovunque in Europa nella ristrutturazione dell'industria finanziaria. Con quanta lentezza gli europei procedano ad aprire i loro mercati alla concorrenza lo si legge nelle statistiche OCSE che misurano il «grado di liberalizzazione», e cioè variabili quali per esempio la libertà di accesso a un mercato. Tra il 1975 e il 1990, esso è cresciuto del 36 per cento negli Stati Uniti, del 48 per cento in Gran Bretagna, mentre è rimasto pressoché stabile in Europa (+10 per cento). Una situazione analoga si riscontra nel mercato della proprietà e del controllo delle imprese in cui i Paesi dell'Europa continentale, nonostante alcuni pallidi progressi, continuano a caratterizzarsi per un insieme di regole che rendono le imprese meno contendibili, e quindi, ancora una volta, più protette – un mercato finanziario, come scrive Marcello De Cecco, che continua a rassomigliare di più a quello dei vecchi Paesi socialisti che a quello dei Paesi capitalisti.

La grande armonia che i governi Jospin, Schröder e D'Alema hanno saputo costruire con sindacati e imprese è in realtà frutto di una politica miope e ha un costo elevatissimo. Chi paga per l'apparente pace sociale sono gli esclusi dalla grande intesa: i consumatori, privati dei vantaggi della concorrenza, e i disoccupati, soprattutto giovani, che non riescono ad accedere a un mercato del lavoro disegnato per proteggere chi un lavoro ha già.

Fare spazio agli esclusi[4]

Da oltre vent'anni, nella più parte dei Paesi europei, la disoccupazione aumenta senza sosta. La prima ragione è una crescita insufficiente, ma è un'illusione attendersi dalla macroeconomia una soluzione al problema della disoccupazione. La Banca centrale europea deve innanzitutto costruirsi una reputazione e non può certo farsi carico del problema della disoccupazione; i governi nazionali non possono utilizzare lo strumento della spesa, la cui crescita è vincolata dal patto di Stabilità che impone bilanci in pareggio.

La seconda ragione è il costo del lavoro: non tanto il salario percepito dai lavoratori, quanto gli oneri che a esso si sommano per far fronte ai costi dello stato sociale, pensioni e sussidi di disoccupazione. Questi oneri rappresentano il 50 per cento del costo del lavoro in Italia, il 43 per cento in Francia, il 42 per cento in Germania. È sufficiente un dato per comprendere quale sia l'effetto di oneri tanto elevati sul livello della disoccupazione: negli Stati Uniti, dove la disoccupazione non esiste praticamente più, gli oneri rappresentano il 28 per cento del costo del lavoro; in Gran Bretagna il 25 per cento. Trasferire il costo dello stato sociale su altre imposte (sull'Iva o sull'imposta sul reddito) è difficile: si raggiungerebbero livelli di imposizione inaccettabili. E l'altra via, ridurre il costo complessivo dello stato sociale, rimane un'eresia.

La terza ragione è, almeno in molti Paesi, la rigidità del mercato del lavoro: costi di assunzione e di licenziamento, protezione del lavoro, norme un tempo concepite per difendere i lavoratori dagli abusi, ma che oggi servono soprattutto a difenderli dalla concorrenza. Sempre più i lavoratori dipendenti in Europa sono degli *insiders* che beneficiano di garanzie il cui costo si traduce in un esercito di *outsiders*, i 18 milioni di senza lavoro. Far spazio agli esclusi, gli *outsiders*, è il compito che oggi si impone all'Europa.

Una soluzione consisterebbe nel lasciare che la situazione peggiori, sino al punto in cui gli *insiders* si ridurranno a una piccola minoranza. Un'altra soluzione è sfidarli, come ha fatto in Gran Bretagna Margaret Thatcher, ma gli equilibri politici oggi in Europa non lo consentono. Le coalizioni politiche al potere in Francia e in Italia si reggono sul consenso dei sindacati e persino il cancelliere Kohl è restio a inimicarsi i potenti sindacati tedeschi.

Molti si illudono che la riduzione dell'orario di lavoro sia la soluzione "magica": una carota per indurre gli *insiders* a rinunciare a qualche privilegio, e al tempo stesso la redistribuzione di un po' di lavoro agli *outsiders*. È un'idea sbagliata che tradisce una scarsa conoscenza del mercato del lavoro: se il lavoro viene semplicemente "redistribuito", la disoccupazione viene solo mascherata, non ridotta, perché si condanna a uno stato di disoccupazione parziale coloro che in realtà vorrebbero lavorare a tempo pieno. È vero che alcuni, in particolare genitori con figli piccoli, desiderano lavorare part-time: ma il modo per farlo consiste nell'eliminare le norme e le imposte che oggi rendono il part-time difficile, non condannare al part-time anche chi non ne ha bisogno. Se poi, alla riduzione dell'orario, non si accompagna una parallela riduzione del salario, il costo del lavoro crescerà, con il risultato che le imprese sostituiranno lavoratori con macchine, oppure trasferiranno una parte della loro produzione all'estero. E così il numero degli *outsiders* crescerà, parallelamente all'aumento dei privilegi di chi riuscirà a rimanere un *insider*.

Allora, che fare? Se non è possibile affrontare gli *insiders*, né, almeno in tempi brevi, ridimensionare lo stato sociale, cioè ridurre le pensioni, un *second best* può essere ricorrere, temporaneamente, al debito. Quei governi che avessero il coraggio di modificare le regole del mercato del lavoro dovrebbero essere autorizzati a superare la soglia del 3 per cento all'indebitamento delle amministrazioni pubbliche, a condizione che il maggior indebitamento fosse destinato a ridurre gli oneri fiscali che incombono sul lavoro. Si creerebbe più debito pubblico, sì, ma per finanziare una riforma del mercato del lavoro, un investimento ad altissimo rendimento.

Affinché il meccanismo funzioni è però necessario che esso sia soggetto a regole severe e al monitoraggio della Commissione europea, e che l'esenzione dalle regole del patto di Stabilità non si protragga oltre un triennio. L'elenco delle misure necessarie per ottenere l'esenzione dovrebbe essere preciso: eliminare, o almeno ridurre, le restrizioni ad assunzioni e licenziamenti, ridurre la durata dei sussidi di disoccupazione e di ogni altro meccanismo che scoraggia i disoccupati a cercare un lavoro, introdurre politiche attive nel mercato del lavoro, soprattutto volte ad accrescere il capitale umano di licenziati e disoccupati. La mancata traduzione degli impegni assunti in norme di legge deve far scattare immediatamente le sanzioni previste dal Patto.

E la carota per gli *insiders*? Destinare loro una piccola parte della riduzione degli oneri, aumentando il salario netto. Posti di lavoro per gli *outsiders* e paga più alta per gli *insiders*.

Le tre Italie dei privilegi[5]

Per capire quali sarebbero gli effetti di un'ulteriore riforma delle pensioni, occorre muovere da un'osservazione semplice. Relativamente alla loro posizione previdenziale i cittadini italiani si dividono in quattro gruppi: il Nord, il Sud, chi, nel 1995, al momento della riforma Dini, aveva maturato almeno diciotto anni di anzianità contributiva e chi no. La battaglia politica in còrso in queste ore non riguarda questioni di principio, ma la difesa, da parte di ciascun partito, degli interessi dei propri elettori. È per questo motivo che la riforma ha aperto uno scontro politico tanto aspro tra gli stessi partiti della maggioranza che, almeno riguardo alle pensioni, spesso rappresentano interessi diversi.

La divisione Nord-Sud riguarda le pensioni di anzianità, per lo più un fenomeno del Nord, e quelle di invalidità, più diffuse nel Mezzogiorno. I numeri sono simili: 4,3 milioni di pensioni di invalidità, 3,5 di anzianità. Sebbene molto diversi, questi due tipi di previdenza hanno un'origine simile: per anni hanno supplito all'assenza di forme più moderne di ammortizzatori sociali. Con un effetto disastroso sul mercato del lavoro: infatti, mentre i sussidi di disoccupazione sono limitati nel tempo e quindi non tolgono l'incentivo a cercare un lavoro, le pensioni, di entrambi i tipi, sono permanenti. Con un'aggravante in più nel caso delle pensioni di invalidità: infatti, mentre le regole per ottenere una pensione di anzianità sono chiare, l'invalidità è attribuita al termine di un processo che parte con le commissioni mediche e spesso finisce con un giudice che decide sulla base della relazione di un perito e, analogamente a quanto accade con i giudici del lavoro, le sentenze raramente sono contrarie al lavoratore (il numero di pensioni di invalidità nel Molise è pari al 13 per cento di tutta la popolazione, inclusi i bambini).

Chi, nel 1995, aveva più di diciotto anni di contribuzione non è stato toccato dalla riforma Dini: la sua pensione continuerà a essere determinata con il metodo retributivo e cioè sulla base dello stipendio percepito nell'ultima parte della vita lavorativa. Un forte privilegio rispetto ai più giovani, la cui pensione dipenderà (esclusivamente per coloro che hanno iniziato a lavorare dopo il 1995) solo da quanto hanno contribuito. I privilegi si possono sommare: il caso più fortunato è quello di un lavoratore che aveva più di diciotto anni di contributi nel 1995: ha diritto alla pensione di anzianità e per di più calcolata con il metodo retributivo. Un minimo di equità suggerirebbe che a questo cittadino dovrebbe almeno essere prospettata una scelta: o usufruire dell'opportunità di andare in pensione presto, ma con una pensione legata, almeno in parte, ai contributi versati, oppure godere del metodo retributivo, ma rinunciare, almeno in parte, all'anzianità.

Gli unici che non mi sembrano rappresentati da alcun partito sono i giovani che si affacciano oggi al mercato del lavoro: non solo le loro pensioni saranno calcolate esclusivamente sulla base dei contributi versati, ma, per consentire allo Stato di pagare le pensioni privilegiate dei loro nonni, per anni dovranno pagare tasse salate. Osservava Alberto Alesina[6]: speriamo almeno che questi nonni li compensino con eredità generose.

Milano e i clandestini: basterebbe un po' di immaginazione[7]

L'immagine del lato nord dei Giardini di via Palestro, i più belli di Milano, trasformati in dormitorio di clandestini, con le fontanelle di ghisa usate come lavandini e i cespugli come WC, mentre stormi di piccioni si nutrono degli avanzi di pasti etnici, prefigura un futuro cupo per questa città. Ma oltre allo spettacolo indecente dei giardini deturpati, dovrebbe turbarci lo spreco di risorse umane: decine di persone che tirano sera all'addiaccio senza combinare nulla. Aspettarsi che siano le forze dell'ordine a risolvere il problema è (lo ripeteva spesso l'ex vice-questore Lucio Carluccio) come illudersi di svuotare il mare con un cucchiaino. Gli uomini rispondono agli incentivi, prima che ai divieti. È possibile che sia questa la via per risolvere il problema?

Stipuliamo, con questi habitué dei giardini, un semplice contratto: 50 euro al giorno di premio a ogni gruppo etnico, in cambio della pulizia del lato nord dei giardini. Ogni sera una pattuglia della Pubblica Sicurezza controlla lo stato dei giardini: carte, rifiuti e sacchetti di plastica abbandonati sui prati? Niente premio. Oltre alla pulizia – sono certo che i rifiuti sparirebbero all'improvviso – si otterrebbe anche un altro vantaggio: in ciascun gruppo etnico emergerebbero dei "capi", delegati a trattare con la le forze dell'ordine, a decidere come distribuire il premio e soprattutto a regolare i rapporti con altri gruppi etnici, in modo che nessuno se ne approfitti. A questi capi la Polizia potrebbe via via delegare qualche altro compito, trasformandoli in rappresentanti responsabili di ciascun gruppo. Nulla di nuovo: non è così che la Questura si comporta quando tratta con alcuni gruppi della malavita, e forse con gli stessi habitué dei Giardini quando si tratta di spaccio o di furti?

Quando si lascia correre la fantasia... Risolto il problema del lato nord, si potrebbe chiedere loro di occuparsi di tener puliti tutti i Giardini, di annaffiare le aiuole rinsecchite... Si potrebbe essere anche più audaci: dare a ciascun capo un apparecchio fotografico e chiedere loro di riprendere i cittadini che non raccolgono i resti dei loro cani, o che gettano le lattine di Coca Cola sui prati. Qualunque risultato otterranno sarà senz'altro meglio che delegare questi compiti a vigili urbani che trascorrono la mattina al Bar Bianco (e con quanto si risparmierebbe licenziando qualche vigile inutile si potrebbero finanziare i premi). Altro che la Svizzera, come sognava venerdì su questa pagina Vivian Lamarque! I giardini di via Palestro potrebbero diventare più belli dei Kew Gardens della Regina. Basta avere un po' di fiducia nelle persone e riconoscere che con qualche piccolo incentivo si può andare molto lontano

Note

1. «Corriere della Sera», 16 ottobre 1999, con Alberto Alesina.
2. Questo saggio riporta le argomentazioni contenute in «Corriere della Sera», 17 giugno 2000, e in "Hanging Out on Campus", «International Herald Tribune - Italy Daily», 14 settembre 2000, con Rudiger Dornbusch.
3. «Corriere della Sera», 28 ottobre 1999.
4. «Financial Times», 20 novembre 1997, con Torben Andersen, David K. Begg, Paul De Grauwe, Juan Dolado, Charles Wyplosz e Klaus Zimmermann.
5. «Corriere della Sera», 9 luglio 2003.
6. «La Stampa», 28 giugno 2003.
7. «Corriere della Sera», 6 luglio 2003.

7
Tagliare le spese o pagare le tasse?

Il problema delle tasse[1]

La politica economica dei prossimi anni, chiunque vinca le elezioni, si giocherà tutta sul tavolo delle tasse. Non sulla loro riduzione, perché è ormai evidente che gli italiani non sono pronti ad accettare le conseguenze di un taglio delle tasse, ma sulla redistribuzione dell'onere fiscale tra diversi gruppi di contribuenti. Il ministro dell'Economia, Domenico Siniscalco, ha il merito di aver aperto il dibattito su questo tema, anche se la proposta di redistribuzione che la scorsa settimana ha portato in Consiglio dei ministri è stata bocciata. Come nel caso dei tentativi di introdurre un po' più di concorrenza nella nostra società, così ogni progetto che si proponga di distribuire in modo meno distorsivo l'onere fiscale si scontra con l'opposizione di gruppi agguerriti, ciascuno impegnato a difendere una particolare categoria di contribuenti. E la politica, anziché far prevalere l'interesse generale, è paralizzata da questi interessi contrapposti.

La nostra pubblica amministrazione spende ogni anno, esclusi gli interessi sul debito, circa 600 miliardi di euro: 90 per la sanità, 160 per gli stipendi dei dipendenti pubblici, 240 per pensioni e sussidi vari, 60 per investimenti, 50 per far funzionare l'amministrazione centrale dello Stato (polizia, missioni militari all'estero, gestione dei ministeri...). Ridurre queste spese pare essere impossibile. Berlusconi lo aveva promesso: in quattro anni la spesa corrente al netto degli interessi è cresciuta di circa un punto, dal 38 al 39 per cento del prodotto interno. Negli Usa non raggiunge il 28.

La verità è che gli italiani vogliono più, non meno, sanità pubblica, protestano quando le regioni propongono di chiudere i piccoli ospedali locali, non vogliono i ticket sulle medicine, chiedono, giustamente, scuole pubbliche efficienti, pensioni dignitose, si oppongono all'eliminazione delle pensioni di vecchiaia e di anzianità; e ogni contributo dello Stato alle imprese (sono oltre 25 miliardi) è evidentemente vitale.

Insomma nessuno è disposto ad accettare i tagli che una riduzione delle imposte richiederebbe. E la politica registra i desideri degli elettori. Il centrodestra tuona contro gli sprechi, ma poi lascia che la spesa cresca. Il centrosinistra, più sinceramente, ammette che la spesa può certamente essere resa più efficiente ma è difficilmente comprimibile e quindi le tasse non si possono ridurre.

Oggi il nostro gettito fiscale proviene per un terzo dall'Iva (200 miliardi), un terzo circa dai contributi sociali, un terzo dalla somma di Irap (30 miliardi) più le imposte sul reddito delle persone e delle società. La tassazione sulle rendite finanziarie è una voce marginale.

Il risultato è che un lavoratore costa all'azienda il 45 per cento in più del salario netto che percepisce, e questo senza tener conto del 4,25 per cento di aliquota Irap che incide anch'essa sul costo del lavoro. Non dobbiamo poi sorprenderci se tra gli uomini adulti (in età fra i 15 e i 64 anni) meno di 6 su 10 lavorano: in Germania lavorano in 7. La differenza fra le donne è ancor più grande: 4,3 in Italia, 6 in Francia.

Combattere l'evasione, tassare le rendite, cominciando dal privilegio dell'aliquota del 12,5 per cento sui Bot, è certamente equo, ma non basta. L'imposta meno distorsiva è quella sui consumi: negli Usa qualcuno pensa seriamente di spostare l'intero onere fiscale su questa imposta. Un provvedimento tanto radicale eliminerebbe la progressività, ma questo non significa che sia l'Irap, sia una parte dei contributi sociali non possano essere spostati sull'Iva. Ma provate a spiegarlo a Sergio Billè, presidente dei commercianti, o al ministro Calderoli che taglia corto: «Per noi non ha alcun senso diminuire qui e aumentare là, la copertura si deve trovare altrove».

Ma Maggie tagliò la spesa[2]

All'inizio degli anni Ottanta Ronald Reagan ridusse la pressione fiscale negli Stati Uniti di circa 2 punti in percentuale del reddito nazionale (Pil). Nel 2001, pochi mesi dopo essere stato eletto, George W. Bush propose al Congresso tagli fiscali pari a 2,5 punti del Pil. La riforma fiscale che il Governo Berlusconi si appresta a varare comporta riduzioni di imposte che non raggiungono lo 0,5 per cento del Pil: troppo poco e troppo tardi.

Il dibattito politico sull'equità della riforma è puramente teorico: i tagli sono così modesti che le categorie beneficiate quasi non se ne accorgeranno. Alcuni – in primo luogo il presidente del Consiglio, Silvio Berlusconi – pensano che una riduzione delle aliquote agisca soprattutto sull'offerta, cambiando gli incentivi e inducendo gli individui a lavorare di più. Costoro vorrebbero quindi concentrare i benefici sulle categorie che più di altre sono libere di decidere quanto lavorare, quindi sui lavoratori autonomi. Fini ritiene invece che la funzione della riforma sia di aiutare i consumi, quindi vorrebbe concentrarne i benefici sui lavoratori dipendenti e soprattutto sulle famiglie a basso reddito.

In linea di principio entrambi hanno ragione, ma con una riduzione di imposte tanto modesta non si cambiano né gli incentivi, né i consumi. Nel caso poi dei consumi, la preoccupazione per il futuro delle pensioni e dell'assistenza sanitaria pubblica indurrà molte famiglie a risparmiare una parte del maggior reddito, anziché ad aumentare gli acquisti. L'esempio di ciò che accade in Germania è illuminante: il motivo principale per cui da anni l'economia tedesca non cresce è che ogni tentativo di stimolare i consumi trasferendo reddito alle famiglie si trasforma, anziché in acquisti, in maggior risparmio. In tre anni le famiglie tedesche hanno aumentato la quota del loro risparmio dal 9,7 per cento al 10,8 del reddito disponibile. Non solo troppo poco, ma anche troppo tardi.

Sia la riforma di Reagan che quella di Bush hanno prodotto un'esplosione del deficit pubblico perché in entrambi i casi la riduzione delle tasse non è stata accompagnata da alcun taglio di spesa (sebbene la composizione della spesa, tra spesa sociale e militare, sia mutata radicalmente). Ma in entrambi i casi il maggior deficit si manifestò prima delle elezioni nelle quali essi furono riconfermati per un quadriennio, non dopo. Al momento del voto agli elettori era ben chiaro che durante il secondo mandato il presidente avrebbe dovuto affrontare il problema del deficit, o tagliando le spese o cancellando una parte della riforma fiscale, come Reagan fece dopo le elezioni del 1984 e come probabilmente Bush sarà costretto a fare nel suo secondo mandato. La riforma fiscale di Berlusconi, per quanto modesta, non è finanziata da tagli permanenti di spesa. Nel 2005 gli effetti sul deficit saranno attenuati da qualche provvedimento contabile, come il trasferimento al prossimo anno del gettito del condono edilizio: le conseguenze si manifesteranno negli anni successivi, dopo le elezioni politiche del 2006.

Tra il 1979 e il 1989 Margaret Thatcher rivoluzionò l'economia inglese: ciò che pochi ricordano è che la sua azione fu soprattutto sulla spesa, le liberalizzazioni e le privatizzazioni, non sulle tasse. Nel 1979, quando venne eletta, la pressione fiscale era il 34 per cento del Pil, dieci anni dopo era salita al 36,4, un aumento solo in parte attribuibile alla crescita dell'economia. La spesa invece era scesa dal 44,8 al 39,2 per cento, consentendo una forte riduzione del debito pubblico. Da allora la Gran Bretagna cresce stabilmente più del resto dell'Europa. Forse, anziché trascorrere le settimane a dibattere di una riforma fiscale inesistente, sarebbe più produttivo rileggere l'esperienza di Mrs. T.

Per uno 0,4 per cento del Pil[3]

Il taglio delle tasse che verrà approvato oggi dal Consiglio dei ministri ha ottenuto il via libera del ministro dell'Economia e della Ragioneria generale dello Stato. Esso è quindi "coperto" da variazioni in altre voci del bilancio che compensano la diminuzione nel gettito fiscale che la riforma comporta. Dopo giorni in cui autorevoli membri del Governo invitavano i "tecnici" ad arrendersi alle esigenze della politica, ha vinto la ragionevolezza. («Ragioneria», scrive Max Weber, «deriva da ragione» ed è sinonimo di assennatezza.) Berlusconi si è arreso a malincuore: le sue parole, ieri sera, tradivano una forte delusione. «Non mi illudo che un intervento come questo possa dare un impulso straordinario ai cittadini; ci sarà un vantaggio, ma in economia l'impulso vero lo si fa con la diminuzione delle tasse in deficit.» Il premier dimostra scarsa conoscenza dell'economia: le riforme fiscali attuate nei Paesi industriali negli ultimi trent'anni insegnano che tagli alle tasse di un punto del Prodotto interno lordo aumentano la crescita di circa 0,24 punti se compensati da corrispondenti tagli di spesa; di soli 0,11 punti se invece la riduzione delle imposte si traduce in maggior deficit. (Si leggano Daveri e De Romanis su <www.lavoce.info>.)

La riforma fiscale che il Governo vara oggi è "coperta" ma, proprio per questo, comporta riduzioni di imposte irrisorie: i cittadini quasi non si accorgeranno di tagli tanto modesti e questi non avranno alcun effetto sull'economia. Anche perché una parte della copertura è stata trovata ricorrendo ad altre tasse.

Il prossimo anno 2 dei 6,5 miliardi di tagli sono finanziati attraverso il gettito del condono edilizio: sono denari che (si spera) i contribuenti pagheranno allo Stato nel 2005 per regolarizzare costruzioni illecite. Nel bilancio di una famiglia questi pagamenti cancelleranno, almeno in parte, i benefici della riforma. Negli anni successivi, quando verranno meno le entrate del condono edilizio, esse verranno sostituite da vari dazi e balzelli: un miliardo di maggiori tasse sulle sigarette (sperando che l'estendersi dei divieti al fumo non convinca i cittadini a essere più attenti con la propria salute) e un altro di aumenti in varie imposte dirette. Quindi la vera riduzione delle tasse che il Governo si appresta a varare non vale neppure lo 0,4 per cento del Pil.

E d'altronde come era possibile fare di più quando Berlusconi ci assicura che «non c'è nessuna chiusura delle finestre pensionistiche, nessun taglio alla spesa sociale né ai fondi per il Mezzogiorno»; quando si presenta al tavolo delle trattative per il nuovo contratto dei dipendenti pubblici, non dicendo che il contratto essi lo hanno già avuto poiché negli ultimi due anni i loro stipendi sono cresciuti 4 punti più dell'inflazione, ma offrendo un ulteriore aumento del 3,7 per cento? Berlusconi non ha avuto il coraggio di tagliare la spesa in maniera davvero incisiva, quindi ha dovuto accettare una riforma fiscale più che modesta. Aveva ragione il ministro dell'Economia, che dieci giorni fa lo aveva convinto che se questa era la riforma, meglio sarebbe stato non illudere se stessi e i cittadini. E rimandarla.

Il fantasma del condono[4]

Per coloro che non hanno ancora finito di pagare le imposte sui redditi del 2003 alcuni deputati di Forza Italia hanno in serbo una sorpresa: un emendamento alla legge finanziaria che prevede un condono se non pagheranno il dovuto. Non si tratta di pochi casi isolati perché, utilizzando la tecnica del «ravvedimento», si può ritardare il pagamento sia dell'Ire (l'ex Irpef) che dell'Iva fino a dicembre. Tutti i condoni sono una beffa per i contribuenti onesti, ma a tanta perversità non si era ancora arrivati. I condoni di Tremonti consentivano di porre rimedio a evasioni e irregolarità commesse nel passato: erano un invito a evadere in futuro perché i contribuenti si aspettano che dopo un condono ne arrivi un altro, come è puntualmente accaduto con la scorsa legge finanziaria che ha esteso la sanatoria fiscale ai redditi del 2002. Ma almeno quei condoni recuperavano un gettito che era stato perduto: non si era mai arrivati all'assurdo di condonare imposte i cui termini di pagamento sono ancora aperti.

Il furbo riuscirà a combinare ravvedimento e condono, dichiarerà un reddito inferiore al vero per il 2003 e avrà tre benefici: pagherà meno imposte per il 2003; ridurrà l'acconto sui redditi del 2004; e, se è un lavoratore autonomo o una ditta individuale, determinerà in modo a lui favorevole i termini del concordato preventivo triennale.

Con buona pace di tutti i cittadini le cui imposte vengono dedotte dallo stipendio mese per mese.

Ma l'assurdo non finisce qui. Il condono si pagherà nel 2005, quindi aumenterà il gettito fiscale del prossimo anno: *et voilà*, ecco trovata la copertura per la riforma fiscale promessa da Berlusconi. Evadi oggi per poter pagare meno tasse domani. È difficile spiegare a un bambino che $(-3) + (-3) = +6$ ma questo è proprio quanto prevede questo emendamento perverso.

Oltre a proporre un nuovo condono, gli emendamenti di Forza Italia cancellano le norme della Finanziaria che riformano gli «studi di settore»; un beneficio che andrà a favore delle stesse categorie che più di altre beneficerebbero del condono. Questo quindi non finanzierà neppure la riforma fiscale: si limiterà a sostituire il gettito che la Finanziaria attribuiva alla riforma degli studi di settore. In altre parole, un condono al posto di un metodo di accertamento più rigoroso.

A neppure una settimana di distanza dal condono edilizio, subito è pronta un'altra vergogna nazionale. Ciò che sta diventando chiaro ai cittadini è che lo stesso Stato di diritto mette a disposizione di coloro che compiono un reato gli strumenti per aggirare l'ostacolo e rimanere impuniti.

Il ministro Siniscalco ha detto più volte che non proporrà nuovi condoni fiscali. Non basta. Che cosa farebbe se essi venissero proposti dal Parlamento, magari da deputati della sua stessa maggioranza? Direbbe che il Parlamento è sovrano e nemmeno un ministro ne può violare la sovranità? La tentazione è forte. Siniscalco non può limitarsi a promettere che non proporrà nuovi condoni: deve dire chiaramente che il Governo si opporrà a ogni emendamento che li preveda, e che se un tale emendamento venisse approvato egli rassegnerebbe immediatamente le dimissioni. Così avrebbero fatto molti di coloro che lo hanno preceduto alla scrivania che fu di Quintino Sella: da Guido Carli a Carlo Azeglio Ciampi.

Tecnici e politici[5]

Incapace da mesi di compiere delle scelte in materia di tasse e di spesa, il Governo cerca di convincerci che la colpa è dell'Europa e dei mercati, che avrebbero sottratto al Parlamento il suo potere più incisivo, tassare i cittadini e spendere il denaro pubblico.

E quando questo non basta, se la prende con i cosiddetti "tecnici", il ministro dell'Economia e il ragioniere generale dello Stato, accusati di non avere una visione abbastanza creativa dell'aritmetica. Sono evidentemente errori gravi. Berlusconi lamenta i vincoli che l'euro impone al bilancio pubblico, ma non si chiede quale sarebbe in questi giorni il livello dei nostri tassi di interesse se fossimo fuori dall'unione monetaria. È impaziente quando il ministro dell'Economia gli ricorda che è necessario rassicurare le agenzie di *rating*, e sembra dimenticare che metà dei nostri titoli pubblici è detenuta all'estero. La capacità del Tesoro di rifinanziare, mese dopo mese, una quantità di debito che è superiore al reddito nazionale dipende dalla percezione che dell'Italia hanno i grandi investitori internazionali, i quali non sono gnomi cattivi, ma persone pagate per proteggere i risparmi delle famiglie. Dove sarebbero i nostri tassi di interesse se quegli investitori scomparissero?

Il ministro dell'Economia e il ragioniere generale dello Stato potranno apparire noiosi, come noiosa è talvolta l'aritmetica, ma il loro compito (ingrato) è tenere aperti ai titoli del Tesoro i mercati internazionali, facendosi garanti dei nostri conti pubblici.

Ma soprattutto non è vero che i vincoli europei abbiano sottratto al Parlamento il suo potere maggiore, il controllo della politica fiscale. L'euro non ha ridotto la discrezionalità della politica sull'allocazione del bilancio pubblico – cioè su quanto e come spendere e quanto tassare – e ha ampliato, non ristretto, le risorse finanziarie a disposizione. Oggi gli interessi sul debito pubblico assorbono il 5 per cento del reddito che il Paese produce: fuori dall'euro ed esclusi dai mercati internazionali, quella cifra sarebbe molto più elevata, e di altrettanto si ridurrebbero le risorse disponibili per investire.

Da mesi il ministro dell'Economia illustra ai suoi colleghi il ventaglio delle scelte possibili, che non è illimitato ma lascia comunque alla politica ampia discrezionalità. Si può approvare una legge finanziaria sostanzialmente neutrale, che si limita a contenere la crescita delle spese entro limiti coerenti con la crescita dell'economia. Oppure si può essere più ambiziosi e puntare a una riduzione della pressione fiscale.

In questo caso si possono percorrere due vie: compensare il minor gettito riducendo alcune spese, oppure modificare l'allocazione del prelievo fiscale, tassando di meno i redditi da lavoro e di più le rendite finanziarie e immobiliari. Si tratta, evidentemente, di scelte che competono alla politica perché favoriscono alcuni a scapito di altri e interessi diversi hanno diverse rappresentanze politiche.

La verità è che il Governo è ricorso all'alibi dei "tecnici ottusi" non perché stretto entro vincoli impossibili, ma semplicemente perché non ha il coraggio di compiere le scelte per le quali è stato eletto.

Lettera allo sconfitto[6]

Di Giulio Tremonti ho criticato le ricette miracolose («Ci vuole uno shock all'economia»), la pericolosa illusione che si possa salvare l'industria italiana con il protezionismo, gli artifici contabili (Scip 2, una cartolarizzazione che gli si è rivoltata contro, e poi l'uso disinvolto della Cassa Depositi e Prestiti per spostare spese fuori bilancio) e tuttavia, temo, lo rimpiangerò. Perché dietro il contrasto tra Fini e Tremonti c'era molto di più dell'antipatia personale: c'erano due visioni opposte del ruolo dello Stato nell'economia e non ho dubbi su quale delle due, nonostante tutto, sia più vicina al liberismo.

Non c'è vicenda che meglio di Alitalia lo illustri. Il ministro dell'Economia voleva, secondo me giustamente, lasciarla fallire, come hanno fatto svizzeri e belgi, e poi ripartire da zero, con un'azienda pulita e soprattutto non più soggetta al ricatto dei sindacati; Fini ripeteva che l'azienda andava salvata così com'è, e con denaro pubblico. Ha prevalso, e infatti stiamo aspettando l'improbabile via libera di Bruxelles agli aiuti di Stato, senza i quali Alitalia, anziché chiudere lo scorso febbraio, chiuderà quest'estate, avendo nel frattempo bruciato altri milioni di euro.

Nella gestione delle imprese pubbliche Tremonti ha dato il meglio di sé, resistendo giorno dopo giorno alla pressione di Alleanza nazionale, che attraverso il viceministro Baldassarri premeva per mettere propri uomini in ciascun consiglio di amministrazione: Enel, Eni, Finmeccanica, le Ferrovie, aspirazione storica di An, sono state salvate. La gestione delle imprese pubbliche sarà l'aspetto meno visibile, ma più importante del dopo-Tremonti. Perché Fini è troppo intelligente per opporsi a una politica di bilancio rigorosa, senza la quale il *downgrading* del debito è dietro l'angolo. Ciò di cui ha bisogno è un ministro dell'Economia prestigioso che tenga a bada i mercati, ma non si occupi di nomine e di assunzioni nelle imprese pubbliche: una piccola quota dei profitti di Enel ed Eni è più che sufficiente per accontentare i tanti clienti che si lamentano di Tremonti e dei manager che lui ha nominato.

Rimpiangerò anche il suo coraggio nella battaglia con il governatore della Banca d'Italia: comunque andrà a finire la nuova legge sul risparmio – e probabilmente andrà a finire male – un fatto rimane, al di là delle parole e delle opinioni: nel luglio 2003, e poi ancora in ottobre, quando il governatore disertò la riunione del Comitato per il credito e il risparmio, il ministro dell'Economia lasciò a verbale le sue preoccupazioni per le obbligazioni Parmalat: erano i giorni in cui le banche continuavano tranquillamente a collocare quelle obbligazioni nei dossier delle famiglie.

Oggi Tremonti paga due errori, entrambi gravi. Il primo, il più grave, non aver attuato la riforma fiscale nel giugno del 2001. Era stato eletto per quello, che cosa aspettava? Per funzionare, le riforme fiscali richiedono tempo; se avesse abbassato le tasse allora, oggi ne cominceremmo a vedere i benefici. Invece trascorse l'estate del 2001 nell'infantile battibecco sul «buco», con tanto di tabelloni portati in televisione. Secondo errore, non essere riuscito a frenare l'assalto al bilancio: in tre anni le spese correnti delle pubbliche amministrazioni sono cresciute, al netto degli interessi, del 5,4 per cento l'anno, quasi due punti più del Pil, trascinate dal costo dei dipendenti pubblici (+5,1 per cento) e degli acquisti (+6 per cento, il doppio dell'inflazione). Il risultato è che per fare fronte alle nuove spese la pressione fiscale è stata aumentata: oggi è di mezzo punto del Pil più elevata che alla fine dei governi di centrosinistra. Nonostante tutto, quasi mi rammarico di avergli detto di no quando tre anni fa mi offrì il posto di ragioniere generale dello Stato.

Note

1. «Corriere della Sera», 20 giugno 2005.
2. «Corriere della Sera», 7 novembre 2004.
3. «Corriere della Sera», 26 novembre 2004.
4. «Corriere della Sera», 22 ottobre 2004.
5. «Corriere della Sera», 18 novembre 2004.
6. «Corriere della Sera», 18 luglio 2004.

8
Mercati e regole

Quei conflitti sul risparmio[1]

È trascorso un anno dal fallimento di Parmalat e ne sono passati due da quello di Cirio. I risparmiatori hanno subito perdite ingenti, solo in parte poi risarcite dalle banche. «L'affare Parmalat», ha scritto la Banca dei Regolamenti Internazionali, «ha messo in luce carenze a ogni possibile livello: amministratori, revisori, banche, promotori finanziari, agenzie di rating, nonché i responsabili della sorveglianza su ciascuna di queste attività». A oggi queste carenze sono ancora tutte lì, e la legge che doveva risolverle si trascina stancamente in Parlamento. Vale solo la pena di ricordare che negli Stati Uniti il Sarbanes-Oxley Act, una legge scritta per affrontare problemi simili, è stata approvata il 30 luglio 2002, cinque mesi dopo il fallimento di Enron.

Mentre Governo e Parlamento discutono incapaci di arrivare al dunque, la reputazione internazionale dell'Italia è affidata – come spesso accade nel nostro Paese – all'impegno di una singola persona, Enrico Bondi, il commissario unico di Parmalat. Negli ultimi mesi il «Wall Street Journal» ha dedicato a questo manager schivo più articoli di quanti ne abbia mai dedicati a un nostro ministro dell'Economia, ammirandone il coraggio nel citare in giudizio le maggiori banche internazionali, a suo parere corresponsabili del fallimento.

La legge su cui forse si troverà un accordo è stata accuratamente evirata. Il nuovo testo non affronta il cuore del problema: i conflitti d'interesse che i casi Cirio e Parmalat hanno evidenziato e che riguardano le banche e la Banca d'Italia. Non sorprende che banchieri e governatore premano perché questo testo venga rapidamente approvato.

I conflitti delle banche non sono una peculiarità italiana. Esistono in tutti i Paesi che hanno adottato il modello della banca universale, un'istituzione che fa molti mestieri in conflitto l'uno con l'altro: ad esempio guadagna vendendo e acquistando titoli, anche quelli dei clienti che le hanno affidato i propri risparmi. Ciò che è patologico in Italia è che la quasi totalità del risparmio delle famiglie sia amministrato da banche.

Le prime dodici società di gestione del risparmio, oltre il 90 per cento del mercato, sono ciascuna di proprietà di una banca: negli Stati Uniti, dove pure esiste la banca universale, i maggiori fondi di investimento, Fidelity ad esempio, sono indipendenti dalle banche e le mettono in concorrenza l'una con l'altra per ottenere servizi alle condizioni migliori. Un altro esempio di questi conflitti è la prassi delle banche italiane di finanziarsi vendendo propri titoli alle famiglie, spesso con rendimenti inferiori a quelli dei titoli di Stato, nonostante le obbligazioni delle banche siano meno liquide dei Bot e non siano coperte dal fondo di garanzia sui depositi. Non si possono obbligare le banche a vendere le società di gestione di fondi, ma si può, con opportune norme, fare in modo che per loro sia molto costoso non venderle.

Il conflitto di interesse della Banca d'Italia deriva dall'essere al tempo stesso responsabile della stabilità delle banche e della tutela del risparmio delle famiglie. Che deve fare il governatore se una banca si trova pericolosamente esposta verso un'azienda in difficoltà? Privilegiare la stabilità della banca e quindi consentire che essa scarichi il rischio sui risparmiatori – come pare sia accaduto nel caso Cirio – oppure difendere il risparmio a scapito della stabilità della banca? È una questione che può essere risolta solo affidando le due funzioni ad autorità distinte. Cedere alle pressioni di banchieri e governatore, e approvare questa legge, vorrebbe dire riporre nel cassetto per molti anni il problema della tutela del nostro risparmio.

Risparmiatori dimenticati[2]

La prossima settimana il Parlamento riprenderà la discussione della legge sul risparmio. Speriamo sia la volta buona, perché le carenze che risultarono evidenti quando i fallimenti di Cirio e Parmalat coinvolsero i nostri risparmi sono ancora tutte lì. Con buona pace dell'onorevole Vittorio Falsitta (Forza Italia) che due giorni fa, dopo un incontro con Berlusconi, ha detto: «Non serve una legge. Questi scandali sono roba di un anno fa. I risparmiatori hanno maturato gli anticorpi». Chissà se avrebbe il coraggio di ripeterlo di fronte alle famiglie che furono indotte ad acquistare titoli argentini e oggi si vedono offerti 26 centesimi per ogni euro investito, oppure un rimborso nel 2038.

Sarà perché è passato un po' di tempo, ma la discussione su questa legge sembra aver perduto di vista i motivi per cui un anno fa la tutela del risparmio sembrava tanto urgente. Si discetta sull'opportunità di modificare lo statuto della Banca d'Italia, correggendone le molte anomalie: il mandato a tempo indeterminato del governatore; azionisti dell'istituto che sono le stesse banche sulle quali esso vigila; le norme che consentono a via Nazionale di controllare il nostro mercato finanziario nello stesso modo in cui un capostazione regola il traffico, e spesso in violazione delle direttive europee. Tutte cose sacrosante, ma mi viene un sospetto. Non credo che la legge sul risparmio eliminerà alcuna di queste anomalie; e tuttavia concentrare l'attenzione su questi temi consente di evitarne altri che invece alle banche danno molto fastidio, soprattutto i conflitti di interesse all'origine di molti dei guai in cui sono incappati i risparmiatori.

Cito dalla relazione del presidente della Consob, Luigi Spaventa, per il 2000 (prima di Cirio e Parmalat): «Il ruolo delle banche nella gestione del risparmio è dominante. La concentrazione negli stessi soggetti dell'attività di impiego e gestione del risparmio impedisce una salutare interazione tra interessi contrapposti, con potenziale pregiudizio per i risparmiatori». I confronti fra le performance dei fondi di investimento bancari e i pochi che sono indipendenti confermano tali preoccupazioni. Anche la Società di Borsa, che quota le aziende e gestisce gli scambi, e dovrebbe quindi garantire i risparmiatori, è interamente di proprietà delle banche.

Continuano a essere venduti ai risparmiatori strumenti finanziari poco trasparenti: prodotti assicurativi a prevalente contenuto finanziario e obbligazioni strutturate che presentano caratteristiche analoghe ai fondi comuni ma devono rispettare regole di trasparenza assai meno rigide. I prodotti assicurativi, in particolare, sono completamente esenti dalla disciplina sulla sollecitazione del pubblico risparmio; per le obbligazioni non convertibili in azioni di società quotate il prospetto informativo è richiesto in meno di un quinto dei casi, ad esempio non lo è per obbligazioni emesse da società quotate all'estero. E quand'anche un prospetto è richiesto – come nel caso delle obbligazioni Enel che Intesa e San Paolo collocheranno alla fine del mese – è davvero sufficiente scrivere su un documento lungo 580 pagine che le due banche si trovano «in conflitto di interesse in quanto vantano crediti nei confronti di Enel»?

Per risolvere molti di questi conflitti basterebbero due norme: una che impedisca ai fondi di investimento posseduti interamente da banche di acquistare titoli di imprese alle quali la banca abbia fatto credito; una seconda che consenta ai risparmiatori di acquistare le quote di un fondo direttamente dalla società di gestione, anziché dalla banca, evitando quindi di pagare la ricca commissione che la banca incassa per il collocamento.

Mercato e diritti dei risparmiatori[3]

«Partita con grande ritardo, l'Italia ha dedicato gli anni Novanta a colmare la distanza che la separava da molti altri Paesi nella liberalizzazione dell'economia. L'ampiezza, la velocità e la coerenza con la quale i governi succedutisi in questi dieci anni hanno riformato il Paese sono notevoli, e in questo campo l'Italia continua a procedere più celermente di molti altri.» Questo il giudizio espresso ieri dall'Ocse: si potrebbe dubitarne se esso non fosse accompagnato da una relazione ampia e dettagliata. Il confronto fra l'Italia di oggi e quella di dieci anni fa sottolinea quanto rapidamente ci siamo scordati di un Paese nel quale lo Stato produceva di tutto, dai gelati ai panettoni, e i milanesi imbucavano a Lugano la corrispondenza per l'estero. E tuttavia l'Ocse documenta anche le occasioni mancate:

> L'Italia continua a essere afflitta da una moltitudine di barriere alla concorrenza, soprattutto nei servizi e nelle professioni, mentre i tempi dei tribunali rendono spesso inefficaci le decisioni dell'Autorità Antitrust [...]. Interessi forti osta-

colano le riforme: imprese potenti si oppongono alla liberalizzazione del mercato del gas, i sindacati alla liberalizzazione delle ferrovie, i dipendenti pubblici alla semplificazione delle pratiche amministrative.

Viene in mente la vicenda della legge Mirone sulla riforma del diritto civile, che ha occupato inutilmente buona parte della legislatura.

Una buona legge, che affrontava alla radice il problema della lentezza della giustizia civile, è stata battuta dall'opposizione di giudici e avvocati, preoccupati i primi di perdere potere, i secondi ricche parcelle.

Nel tracciare un consuntivo della legislatura colpisce che il dibattito sulle liberalizzazioni sia stato, quasi senza eccezioni, tutto interno al centrosinistra. Osserva il senatore Ds Franco Debenedetti che se in Parlamento una pressione è venuta dal centrodestra è stata in direzione opposta al mercato e alla concorrenza: dalla legge Mirone alla Bersani sull'Enel, alla difesa delle fondazioni bancarie e del loro "diritto" a comandare nelle banche, al no, un anno fa, al referendum sui licenziamenti.

Ha detto ieri il presidente della Consob, Luigi Spaventa: «Il ruolo delle banche nella gestione del risparmio permane dominante. La concentrazione negli stessi soggetti dell'attività di impiego e gestione del risparmio impedisce una salutare interazione tra interessi diversi e in parte contrapposti, con potenziale pregiudizio per i risparmiatori». Le analisi sulle performance dei fondi di investimento (in Italia quasi tutti di proprietà di banche) confermano tali preoccupazioni. Né aiuta che la Società di Borsa, la quale organizza la quotazione delle aziende e gestisce gli scambi, e dovrebbe quindi garantire i risparmiatori, sia interamente di proprietà delle banche. L'autorità preposta alla concorrenza in questo settore, Banca d'Italia, non interviene ad arginare il ruolo pervasivo delle banche e rimane ancora, come ha osservato il segretario generale della Cgil, Sergio Cofferati, «un santuario intoccabile».

La carenza di informazione ai risparmiatori, osserva Spaventa, non è solo responsabilità delle banche: «La struttura proprietaria della stampa in Italia non offre l'ambiente ideale per l'elaborazione di analisi indipendenti». La critica agli assetti industriali dei media è in parte condivisibile. Ma ciò non ha limitato la libertà d'opinione e la pubblicazione, su questo come su altri giornali, di interventi coraggiosi, di informazioni rilevanti per il risparmiatore; talvolta in netto anticipo rispetto all'azione di garanzia e tutela delle autorità di vigilanza.

Rischi e regole[4]

In un libro scritto una dozzina d'anni fa ma che continua a riscuotere successo[5] si raffrontano il capitalismo dell'Europa continentale e quello dei Paesi anglosassoni individuando nella funzione delle banche la differenza più significativa tra i due sistemi. Mentre nel mondo anglosassone le banche svolgono un ruolo marginale nel finanziamento delle imprese, le quali si rivolgono direttamente ai risparmiatori con azioni e obbligazioni, in Europa le banche sono al centro dei flussi finanziari: raccolgono il risparmio delle famiglie e lo trasformano in prestiti alle imprese.

Poiché il capitalismo anglosassone espone direttamente i risparmiatori al rischio d'impresa, esso necessita di regole forti e di autorità di sorveglianza dei mercati particolarmente vigili. Nel modello europeo invece la sorveglianza delle imprese è soprattutto affidata alle banche, le quali hanno interesse a essere vigili per proteggere i loro prestiti. L'euro ha reso più tenue questa differenza, ma non l'ha cancellata, soprattutto in Italia, dove il peso dei prestiti bancari sul totale dei finanziamenti alle imprese continua a essere preponderante, diversamente da Francia e Germania che invece stanno rapidamente convergendo verso il modello anglosassone. E spesso il governatore della Banca d'Italia elogia il nostro sistema "bancocentrico" che, a suo avviso, garantisce più stabilità alle imprese e più sicurezza ai risparmi delle famiglie.

La teoria economica non giunge a conclusioni univoche, riconoscendo che le banche, le quali osservano quotidianamente i flussi finanziari delle imprese, e quindi ne conoscono il bilancio in tempo reale, le possono sorvegliare in modo anche più efficace delle stesse autorità. Ma se tutto questo è vero, e il governatore ha ragione, come sono possibili casi come quelli di

Cirio e Parmalat? Come è possibile che le banche, esposte verso Parmalat per oltre un miliardo di euro, non conoscessero i crediti verso società off-shore o, se li conoscevano, non si chiedessero se fossero davvero esigibili?

Nonostante le apparenti somiglianze (il settore alimentare, le società calcistiche) i casi Cirio e Parmalat sono diversi. Innanzitutto nella dimensione: Cirio aveva debiti per poco più di 1 miliardo di euro, Parmalat per circa 8 miliardi, metà dei debiti che dieci anni fa portarono la Ferfin di Raul Gardini al fallimento. E diversamente dal caso Cirio, dove le banche si sono salvate trasferendo il debito dai loro bilanci ai portafogli dei risparmiatori, se Parmalat risultasse insolvente le banche subirebbero perdite importanti. Ma questo rende ancora più incomprensibile il loro comportamento.

Un motivo forse è l'eccessiva parcellizzazione dei crediti: se le banche che prestano denaro a un'impresa sono non una, come nel vecchio modello della Hausbank tedesca, ma dieci, nessuna di esse avrà un forte incentivo a controllare da vicino il bilancio dell'impresa. In questo caso in prima fila dovrebbe esserci la Banca d'Italia, la sola che ha, in ciascun momento, la visione completa dell'indebitamento dell'impresa. Alcune delle architetture finanziarie messe in piedi da Parmalat, in particolare i finanziamenti attraverso veicoli esteri e con società attive in paradisi fiscali, richiamano alla mente operazioni fuori bilancio che in America hanno portato a casi come quello Enron. Purtroppo abbiamo scoperto che il nostro sistema bancocentrico non è molto più efficace nel proteggere il risparmio del tanto criticato modello anglosassone.

I dirottatori dei bilanci[6]

Nel discorso sullo Stato dell'Unione il presidente Bush ha dedicato non più di tre righe al fallimento della Enron, la più grande bancarotta che si sia mai verificata al mondo. E tuttavia molti concordano con il giudizio di Paul Krugman, professore a Princeton, che sul «New York Times» ha scritto: «Tra dieci anni, non le stragi dell'11 settembre, ma lo scandalo della Enron sarà visto come la grande svolta degli Stati Uniti».

Enron era la settima società americana, la più grande al mondo nel settore dell'energia. Il motivo banale della bancarotta è una montagna di debiti, accumulati per speculare nel mercato dei derivati dell'energia, dove si compra e vende a termine, scommettendo sull'andamento del tempo: se l'estate sarà particolarmente calda i condizionatori andranno al massimo e i consumi di energia saliranno... Debiti occultati agli azionisti, grazie a regole contabili che consentono di nascondere un debito trasferendolo a una società controllata, evitando poi di consolidarne i conti con quelli della casa madre purché si trovi chi ne acquisti un 3 per cento. (In Europa le regole sono più severe, anche se proprio su questo punto è in corso una battaglia tra Consob e Pirelli, proprietaria di Telecom.)

Negli Usa il caso Enron scuote la politica al punto che l'Ufficio del bilancio del Congresso ha deciso di portare la Casa Bianca in tribunale. E non solo per i rapporti tra il presidente, e soprattutto il vice Dick Cheney, e la società texana: tra i 248 parlamentari che in vari comitati stanno indagando sulla Enron, 212 hanno dichiarato di avere ricevuto finanziamenti elettorali dalla società. (Ieri anche il Partito laburista inglese ha ammesso di aver ricevuto un finanziamento dalla Enron e il caso non rimarrà unico in Europa.)

L'intreccio tra politica e *big business*, la scarsa trasparenza dei finanziamenti elettorali, tema presto dimenticato, dopo essere stato al centro della campagna elettorale tra Bush e Gore, non sono una novità negli Usa. Se fosse solo per questo sarebbe difficile considerare il fallimento della Enron «una grande svolta per gli Stati Uniti». Il vero guaio è che questa vicenda rischia di minare la fiducia dei risparmiatori americani, e questa sì, purtroppo, sarebbe una grande svolta. Ci si può ancora fidare di bilanci certificati da società di revisione, come Arthur Andersen, che o non hanno visto o hanno fatto finta di non vedere la montagna di debiti? Ci si può fidare di analisti finanziari che più il titolo cadeva più consigliavano: «Comprate, sta diventando un buon affare»? Di grandi banche, come Citibank e J.P. Morgan-Chase che sembrano non essersi accorte di ciò che stava succedendo in casa del loro maggiore cliente? Di fondi pensione, come Calpers, quello dei dipendenti pubblici della California, il più grande al mondo, che ha continuato sino alla fine ad acquistare azioni della società? Nei mercati finanziari la fiducia è tutto, e oggi vacilla. I risparmiatori sono preoccupati che in Borsa vi siano altri casi Enron.

È per questo che da George W. Bush gli americani si aspettavano di più. Non solo il ricordo dei pompieri coraggiosi di New York, ma anche un omaggio ad Arthur Levitt il presidente della Sec (la Consob americana) ai tempi di Clinton, che per anni si è battuto per aumentare la trasparenza dei bilanci, scontrandosi contro l'opposizione bipartisan di un Congresso sotto l'influenza delle grandi società di revisione.

La lezione è che la regolamentazione dei mercati è questione troppo seria per essere lasciata in balia di qualche lobby, o preda della gelosia di istituzioni impegnate a giustificare la propria esistenza. Ciò vale anche per l'Italia dove, di fronte alla proposta di riflettere su come migliorare l'architettura istituzionale delle attività di regolamentazione e sorveglianza, l'unica risposta che il Governo pare saper dare è: la Banca d'Italia non si tocca. Salvo poi usare le banche pubbliche per sistemare quelli che, con le dovute proporzioni, non è esagerato considerare i nostri "casi Enron", come sta avvenendo con l'acquisto della Bipop da parte della Banca di Roma.

L'ipotesi europea[7]

Il Governo si accinge ad affrontare la riforma delle autorità che tutelano il risparmio e garantiscono la stabilità del sistema finanziario, come se l'Italia vivesse ancora in un regime autarchico: pare scordare sia gli effetti del rapido processo di integrazione finanziaria nella sfera dell'euro, sia le opportunità offerte dai trattati europei.

Tra il 1998 e il 2001 la quota delle transazioni tra banche di due diversi Paesi europei è cresciuta dal 21 al 42 per cento del totale, mentre quella tra banche di un medesimo Paese si è ridotta dal 68 al 31 per cento. Come ha scritto un membro del Consiglio direttivo della Banca centrale europea, Tommaso Padoa-Schioppa, «l'integrazione finanziaria ha aumentato il rischio di contagio internazionale: l'insolvenza di una banca importante potrebbe facilmente trasmettersi a quelle di altri Paesi dell'area».

E tuttavia la vigilanza sulle banche continua a essere affidata a dodici autorità nazionali che si scambiano informazioni su base volontaria mentre, per essere davvero efficaci, i poteri di un'autorità vigilante dovrebbero estendersi a tutto il sistema.

L'articolo 105(6) dei trattati europei consente di trasferire la vigilanza alla Bce: «Il Consiglio europeo può, decidendo all'unanimità, trasferire alla Bce specifiche funzioni in materia di vigilanza su banche e altre istituzioni finanziarie»: il trasferimento può cioè avvenire in qualunque momento, senza la necessità di modificare i trattati. Assegnare la vigilanza alla Bce non richiede la creazione *ex novo* di un'autorità europea, con la conseguente perdita del patrimonio di conoscenze delle banche centrali nazionali: significa soltanto far sì che, ad esempio, l'ufficio della Banca d'Italia preposto alla vigilanza risponda al Consiglio della Bce anziché al governatore. Questa soluzione risolverebbe anche il problema dell'indipendenza dell'autorità di vigilanza dal Governo, il nodo più delicato della riforma proposta dal ministro Tremonti.

Un'autorità sovranazionale è inoltre più lontana dalle istituzioni su cui deve vigilare, e perciò più immune dal rischio di esserne "catturata", problema che si è manifestato in alcuni episodi, non solo italiani, ad esempio nell'insolvenza della banca francese Crédit Lyonnais. È peculiare che mentre si auspica un "regolatore mondiale" dei mercati finanziari, in Europa piccole gelosie nazionali non consentano di fare un passo in quella direzione, con gravi rischi per la stabilità del sistema finanziario.

Nello stesso spirito, la responsabilità per la concorrenza fra le banche dovrebbe essere resa coerente con la recente riforma del commissario europeo Mario Monti che prevede un'ampia delega dei poteri sulla concorrenza alle Autorità antitrust nazionali (non alla Banca d'Italia), ogniqualvolta la dimensione del caso sia soprattutto locale. Il trasferimento della vigilanza alla Bce certamente tutela meglio il risparmio, sebbene non sia la soluzione ideale: rimarrebbero comunque dodici Consob indipendenti, una per ciascun Paese. La creazione di un'unica autorità europea per la tutela del risparmio richiede però una modifica dei trattati: meglio, secondo me, un piccolo passo, seppur incompleto, rispetto ai rischi che la situazione attuale comporta.

La designazione dei membri del comitato esecutivo della Banca centrale europea: un metodo da cambiare[8]

Ogni primavera, uno dei sei membri del comitato esecutivo della Banca centrale europea (Bce) deve essere sostituito. Il comitato amministra la Bce e propone al Consiglio della banca se e quando modificare il livello dei tassi di interesse europei e in quale direzione. Si tratta evidentemente di uno dei compiti più importanti della politica economica europea.

Allo scopo di garantire la loro indipendenza, i membri del comitato esecutivo non sono eletti ma nominati dai capi di Stato e di Governo. Questo è giusto. Quello che non funziona è il processo attraverso il quale si perviene a queste nomine.

Ogni membro dovrebbe essere selezionato dopo un'accurata ricerca volta a individuare la persona più qualificata. Non è così. Un posto è apparentemente riservato a una donna (perché uno solo?) e contrariamente allo spirito, se non agli stessi principi, dello Statuto della banca, i quattro Paesi più importanti (Francia, Germania, Italia e Spagna) non soltanto hanno un seggio permanente, ma hanno anche carta bianca nel designare la persona che lo occupa. Nella designazione più recente (primavera 2005) i membri dell'eurogruppo chiesero al ministro dell'Economia italiano di indicare loro "un" nome, non alcuni curricula tra cui scegliere. Non mettiamo in discussione la competenza delle singole persone designate, ma siamo convinti che il processo di selezione sia gravemente inadeguato.

I membri del comitato dovrebbero venir scelti sulla base della loro esperienza e del loro curriculum, non importa da quale Paese o da quale istituzione, pubblica o privata essi provengano. Delegare questo processo di selezione a un unico Paese quattro volte su sei non solo restringe il campo della ricerca, ma lo blocca nelle maglie della politica nazionale.

A peggiorare la situazione, finora i membri del comitato esecutivo sono stati scelti esclusivamente tra i vertici delle banche centrali e dei ministeri dell'Economia dei Paesi membri dell'unione monetaria. Questo evidentemente minimizza la probabilità di dissensi tra i membri del comitato, ma un consenso troppo facile può risultare controproducente, soprattutto quando le decisioni devono essere prese rapidamente.

Per questo motivo, altre banche centrali – la Bank of England e la Federal Reserve ad esempio – si sono rivolte ai mercati finanziari e alle università, proprio alla ricerca di diversità, così da arricchire il dibattito al loro interno con idee fresche e nuove. La varietà di opinioni produce discussioni accese, ma solo così potremo essere sicuri che tutte le opzioni sono state esaminate con cura e nessuna è stata pregiudizialmente scartata. Oggi non ne possiamo essere sicuri e questo non rafforza la credibilità della Bce.

Insomma, è necessaria introdurre un po' di trasparenza in queste nomine e allargare la gamma dei candidati. La differenza di opinioni e di esperienza professionale deve essere considerata non un rischio, ma un requisito importante nella scelta dei membri del comitato esecutivo della Bce.

L'Europa che cresce e le banche centrali[9]

L'assemblea annuale della Banca d'Italia, in programma questa mattina a Roma, è la prima dopo la scomparsa, anche fisica, della lira. Un'occasione storica. L'iniziale diffidenza del governatore nei confronti dell'euro è un fatto noto. E, tuttavia, dopo la nascita della Banca centrale europea, Antonio Fazio ha contribuito con lealtà e originalità al successo della nuova istituzione: mandando a Francoforte alcuni tra i suoi migliori funzionari e apportando alle riunioni quindicinali del Consiglio direttivo della Bce, cui egli partecipa, il contributo di analisi del suo Servizio studi, uno dei migliori d'Europa.

In questo spirito possiamo augurarci che nelle sue attese Considerazioni finali vi sia spazio anche per alcuni temi importanti che riguardano l'assetto istituzionale della Bce e della stessa Banca d'Italia: la riforma dello statuto della Banca centrale di Francoforte, reso urgente dal prossimo allargamento a Est dell'Unione europea, i poteri di via Nazionale nei confronti delle banche italiane e, infine, una nuova definizione del mandato del governatore della Banca d'Italia. Il Consiglio direttivo della Bce è oggi composto da diciotto persone: dodici governatori nazionali e sei membri del comitato esecutivo. La difficoltà di raggiungere un consenso in un gruppo tanto ampio è uno dei motivi della minor flessibilità della Bce rispetto alla Federal Reserve o alla Bank of England, dove a decidere sono in pochi. Dopo l'allargamento dell'Unione europea e il possibile ingresso nell'euro dei Paesi dell'Est, che non tarderà, e di Gran Bretagna, Danimarca e Svezia, il numero dei componenti del Consiglio salirà da diciotto a trentuno. A quel punto le decisioni sui tassi di interesse in Europa saranno prese da una piccola assemblea: ciascuno con un voto. Il trattato di Nizza (articolo 5), che il Parlamento italiano ha da poco ratificato, consente di modificare i meccanismi decisionali della Bce per evitarne la paralisi, ma da Francoforte non è ancora venuta alcuna proposta.

La Banca d'Italia, unica fra le banche centrali dei Paesi industriali, vigila sia sulla stabilità degli istituti di credito sia sulla loro concorrenza: i compiti di autorità antitrust per le Banche sono infatti svolti, in Italia, da via Nazionale. Entrambi i compiti, sia detto per inciso, sono svolti assai bene dalla nostra banca centrale. Stabilità e concorrenza sono obiettivi ugualmente importanti, ma contrapposti: la stabilità richiederebbe banche grandi con ampio potere di mercato, una caratteristica che spesso si scontra con le esigenze della concorrenza.

La soluzione istituzionale che in altri Paesi è stata scelta per conciliare queste diverse esigenze è la separazione dei poteri: la Banca centrale si occupa della stabilità, l'Autorità antitrust della concorrenza, così come avviene, anche in Italia, per le compagnie di assicurazione, che presentano un problema analogo. Mantenere le due funzioni all'interno della Banca d'Italia, seppure in uffici diversi, non appare la migliore delle scelte: uno dei risultati è che oggi in Italia lanciare un'Opa su una banca è operazione aleatoria, non perché sia imprevedibile la reazione del mercato, ma perché il risultato è soggetto alla discrezionalità inappellabile del governatore.

Il mandato del governatore della Banca d'Italia è a tempo indeterminato (non a vita), quindi in linea di principio revocabile in ogni istante. L'indeterminatezza del mandato non aiuta l'indipendenza del governatore, anche se quella di Fazio è universalmente riconosciuta; il presidente della Bce, ad esempio, è nominato per otto anni. L'allora ministro del Tesoro Carlo Azeglio Ciampi, quando modificò lo statuto della Banca per l'ingresso nell'euro, non eliminò questa anomalia, mancando un'occasione per rafforzare ulteriormente un'istituzione, oggi comunque salda, che deve potersi confrontare sempre con il Governo con immutato prestigio.

31 maggio 1997: quale futuro per la Banca d'Italia?[10]

Il 31 maggio, all'assemblea della Banca d'Italia, il governatore Antonio Fazio, nelle sue Considerazioni finali, dedicherà, io ritengo, ampio spazio alla questione della disoccupazione e allo squilibrio del nostro sistema previdenziale: temi di straordinaria importanza, ma che costituiscono il fulcro dell'attività del Governo, non della Banca centrale. Dedicherà invece solo poche frasi all'enunciazione degli obiettivi della politica monetaria per l'anno in corso, e ancor meno alla spiegazione dei criteri che l'hanno guidata nel 1996.

Illustrando la precaria situazione economica del Mezzogiorno possiamo ritenere che in essa egli identificherà la causa prima dei disastrosi bilanci di alcune banche del Sud, senza soffermarsi sull'attività di vigilanza di cui è responsabile, limitandosi a rimandare ai due volumi della relazione per un'analisi del ruolo che la Banca d'Italia ha svolto nel salvataggio di importanti istituti meridionali. Su entrambi questi temi, politica monetaria e vigilanza, sarebbe invece auspicabile che il governatore si soffermasse: questi sì costituiscono il fulcro dell'azione della Banca centrale, e non si tratta affatto di argomenti scontati.

«Le banche centrali», ha detto recentemente Luigi Spaventa, «non sono organismi democraticamente eletti. Non rispondono ai popoli. Non appaiono responsabili se non a loro stesse. Non si possono certo eleggere i governatori, ma si può imporre loro di essere al massimo grado trasparenti, nelle decisioni che prendono, rispondendone a governi e a cittadini, e soprattutto di studiare forme di *accountability* perché decisioni e trasparenza abbiano riscontri precisi.»

In Gran Bretagna, il nuovo Governo laburista, il giorno dopo il suo insediamento, ha inviato al governatore della Bank of England una lettera di cui vorrei riportare alcuni brani: «Obiettivo della politica monetaria della Banca d'Inghilterra sarà quello di garantire la stabilità dei prezzi, come definito dall'obiettivo di inflazione che il Governo determinerà, e, senza pregiudicare quest'obiettivo, di sostenere la politica economica del Governo, compresi i suoi obiettivi di crescita e di occupazione. La banca avrà la responsabilità operativa di fissare i tassi d'interesse a breve termine». Fin qui il testo riprende parola per parola lo statuto della futura Banca centrale europea, ma la lettera continua:

> Alla banca sarà richiesto di pubblicare un rapporto trimestrale sull'inflazione, nel quale renderà conto delle azioni intraprese in materia di politica monetaria; presenterà e giustificherà le analisi economiche condotte e spiegherà come intende rispettare l'obiettivo d'inflazione previsto dal Governo e sostenere la politica economica di quest'ultimo [...]. Il Comitato per la politica monetaria si riunirà regolarmente ogni mese. Gli incontri verranno verbalizzati e i verbali, compresa la registrazione dei singoli voti, saranno resi noti non oltre sei settimane dopo l'incontro.

Con la medesima lettera il nuovo Governo annunciava che la responsabilità per le emissioni dei titoli del debito pubblico sarebbe stata trasferita dalla Bank of England al Tesoro, affinché l'obiettivo della stabilità dei prezzi non potesse mai entrare in conflitto con la gestione del debito pubblico.

Alcuni giorni dopo il cancelliere dello Scacchiere, Gordon Brown, trasferiva la responsabilità per la vigilanza sulle banche inglesi dalla Bank of England al Securities and Investment Board (la Consob inglese), giustificando la sua decisione con tre argomenti. La differenza tra banche e altri intermediari finanziari si fa sempre più sottile, rendendo opportuna una maggiore omogeneità nell'attività di sorveglianza: trasferendo la vigilanza a un'autorità che non può creare liquidità si evitano problemi di "azzardo morale", il rischio cioè che le banche si comportino in modo incauto, contando sul credito di ultima istanza della banca centrale. Infine, posti sotto la diretta responsabilità del Governo, i salvataggi bancari diventano più trasparenti, in quanto il costo che essi impongono al bilancio dello Stato non transita attraverso i conti della banca centrale ed è quindi immediatamente evidente per i cittadini e per il Parlamento. (Ricordo che la pubblicazione dei verbali e la registrazione dei voti dei singoli membri del comitato cui è delegata la politica monetaria sono previsti anche negli Stati Uniti, e che i compiti di vigilanza non spettano alla Banca centrale in Germania, Belgio, Svizzera e negli Stati Uniti.)

Già nel 1989, commentando le Considerazioni finali del governatore Ciampi per l'anno 1988, Mario Monti scriveva:

> Rispetto ai suoi colleghi tedesco e americano, il governatore della Banca d'Italia ha poteri personali maggiori e poteri istituzionali diversi dai loro: maggiori su strumenti che, per una buona politica monetaria, sono pericolosi; minori sugli strumenti che, per una buona politica monetaria, sono essenziali. [...] Questo peculiare assetto [...] ha avuto l'effetto di ridurre gli stimoli alla concorrenza nel sistema creditizio, contribuendo alla sua relativa impreparazione all'integrazione europea.

Nel 1992 Guido Carli, allora ministro del Tesoro, concesse alla Banca d'Italia piena indipendenza nella gestione della politica monetaria, con la riforma del conto corrente di tesoreria, e l'autonomia nella determinazione del tasso di sconto e della riserva obbligatoria delle banche. Rispetto ai suoi colleghi di altri Paesi, il governatore della Banca d'Italia oggi non è più nella posizione di detenere «minori poteri sugli strumenti che, per una buona politica monetaria, sono essenziali». Il suo mandato, come già osservato, è a tempo indeterminato (non a vita), quindi in linea di principio revocabile, ma i poteri personali del governatore italiano sono particolarmente ampi. Tutti i provvedimenti in materia di politica monetaria sono assunti dal governatore, mentre in Germania e negli Stati Uniti sono assunti mediante votazione dal consiglio della banca centrale, il quale a volte non riflette gli orientamenti del suo presidente.

E tuttavia, nell'esercizio di questi poteri, egli non è soggetto a quegli obblighi di trasparenza che altri Paesi, come la Gran Bretagna, hanno imposto nel momento in cui concedevano alla Banca centrale un'ampia autonomia operativa. Inoltre il governatore della Banca d'Italia continua ad avere il controllo di strumenti che, come notava Mario Monti, «per una buona politica monetaria sono pericolosi». Un esempio è la procedura autorizzativa nel caso di fusioni bancarie: «La richiesta di autorizzazione alla fusione è inoltrata alla Banca d'Italia [...], il rilascio dell'autorizzazione è subordinato alla verifica dei profili tecnici e organizzativi della banca che risulta dalla fusione. In particolare vengono considerati [...] il livello dei costi fissi e per il personale». La Banca d'Italia si riserva due mesi per decidere se autorizzare la fusione, termine che può estendere qualora ritenga di dover acquisire ulteriori informazioni. Una simile autorizzazione è prevista anche nel caso di semplici acquisizioni.

Il risultato è che oggi in Italia lanciare un'Opa su una banca è operazione del tutto aleatoria, che difficilmente può rimanere riservata, quindi di fatto ostacolata. Fra l'altro non è per nulla evidente che i funzionari della Banca d'Italia siano in grado di sostituirsi alle società di consulenza aziendale nel giudicare se un progetto di fusione sia giustificato dalla riduzione di costi che l'integrazione tra più banche consente.

Più in generale, un coinvolgimento così stretto della Banca centrale in operazioni industriali può dar luogo a conflitti pericolosi tra gestione della politica monetaria e interventi volti a sostenere la redditività delle banche: ad esempio, l'incentivo a mantenere un livello dei tassi di interesse a breve termine ingiustificato dalla congiuntura economica, ma utile a sostenere i bilanci delle banche.

La relazione di Bankitalia: quattro domande al governatore[11]

Da qualche giorno i mercati scommettono sull'ingresso di Unicredito in Germania con un'operazione che coinvolgerebbe HypoVereinsbank, una delle maggiori banche tedesche. Sarebbe la prima volta che una banca italiana riesce a guidare un'aggregazione europea. Già il fatto che se ne parli ci ha fatto riguadagnare un po' di fiducia, dopo mesi in cui in Europa si guarda allibiti a ciò che accade attorno alle banche italiane. Ma l'impressione che il governatore della Banca d'Italia faccia di tutto per ostacolare l'ingresso in Italia di due banche straniere evidentemente non aiuta il tentativo di Unicredito.

Domani, leggendo le sue Considerazioni finali, Antonio Fazio ha l'occasione per dire una parola chiara. Sarebbe anche opportuno che egli spiegasse come vede l'integrazione tra una banca e una compagnia di assicurazione. Dieci anni fa frenò l'ipotesi di un'aggregazione tra Ina, Bnl e Banco di Napoli osservando che era preferibile mantenere separate banche e assicurazioni. Lo pensa ancora, e come si comporterebbe di fronte a una contro-Opa di Unipol su Bnl, organizzata per evitare che gli spagnoli del Bilbao conquistino la banca romana?

È trascorso oltre un anno dal fallimento Parmalat, tre da quello Cirio. I risparmiatori hanno subito perdite ingenti, solo in parte poi risarcite dalle banche. «L'affare Parmalat», ha scritto la Banca dei Regolamenti internazionali, «ha messo in luce carenze a ogni possibile livello: amministratori, revisori, banche, promotori finanziari, agenzie di rating, nonché i responsabili della sorveglianza su ciascuna di queste attività.» Ad oggi queste carenze sono ancora tutte lì, e la legge che dovrebbe risolverle si trascina stancamente in Parlamento. La difesa del risparmio è una delle responsabilità della Banca d'Italia, ma il governatore non ha mai levato la sua voce autorevole per chiedere che le nuove norme vengano approvate senza ulteriori indugi.

È forse perché egli ritiene che la legge oggi in discussione sia insoddisfacente? Lo è davvero perché il testo approvato dalla Camera non affronta il cuore del problema: i conflitti d'interesse nella gestione del risparmio che sono risultati evidenti in entrambi i fallimenti. In Italia la quasi totalità del risparmio delle famiglie è amministrato da banche. Le prime dodici società di gestione del risparmio sono ciascuna di proprietà di una banca: negli Stati Uniti, dove pure esiste, come in Italia, la banca universale, i maggiori fondi di investimento sono indipendenti dalle banche e le mettono in concorrenza l'una con l'altra. Se queste sono le ragioni che preoccupano Fazio, è bene che egli lo dica prima che il Senato riprenda a discutere la legge.

Per conquistare Antonveneta, la Banca Popolare di Lodi si è finanziata vendendo proprie obbligazioni ai risparmiatori. Alcuni temono che ciò abbia reso la Lodi patrimonialmente più debole, con un conseguente maggior rischio per chi ha acquistato quei titoli: infatti le obbligazioni bancarie non sono coperte dal Fondo di garanzia sui depositi. Sono preoccupazioni infondate?

Infine un punto minore, ma significativo. La Banca d'Italia è delegata a eseguire, attraverso le proprie sedi locali, la maggior parte dei pagamenti dello Stato. Questo compito è in realtà la scusa per tenere in piedi un'istituzione con 8 mila dipendenti e un'articolazione territoriale capillare, con una sede in ciascuna provincia. I pagamenti dello Stato potrebbero tranquillamente essere delegati a banche private. Caro governatore, non è venuto il tempo di privatizzare anche un pezzo di Banca d'Italia?

Note

1. «Corriere della Sera», 4 gennaio 2005.
2. «Corriere della Sera», 18 febbraio 2005.
3. «Corriere della Sera», 26 aprile 2001.
4. «Corriere della Sera», 11 dicembre 2003.
5. Michel Albert, *Capitalismo contro capitalismo*, il Mulino, Bologna 1994.
6. «Corriere della Sera», 31 gennaio 2002.
7. «Corriere della Sera», 4 gennaio 2004.
8. «Financial Times», 8 febbraio 2005, con Charles Wyplosz.
9. «Corriere della Sera», 31 maggio 2002.
10. «Corriere della Sera», 26 maggio 1997.
11. «Corriere della Sera», 30 maggio 2005.

9
La cittadella delle banche

Un passo coraggioso[1]

In Cina vi è una società straniera che cresce più rapidamente di qualsiasi altra. Non è né tedesca né giapponese, non vende automobili né ventilatori: è una società italiana e vende polizze di assicurazione sulla vita. La filiale cinese delle Generali ha raggiunto una quota di mercato superiore a quella di Aig, la compagnia americana la cui sede sul Bund di Shanghai risale agli anni Venti. Merito di un *management* colto e lungimirante, che ha avuto un'intuizione straordinaria: vendere polizze private in Cina dove non esistono pensioni pubbliche. Ieri Unicredito ha concluso l'acquisizione di HypoVereinsbank, la seconda banca tedesca con una presenza importante, anche attraverso il controllo di Bank Austria, nei Paesi dell'Europa centrale e orientale. Ci sono ormai due Europe: una, al di qua dello stretto di Stettino, intenta a difendere i privilegi e le rendite di pochi, a danno dei giovani e di chi non ha un lavoro. Oltre quello stretto c'è invece un'Europa nuova, vivace, che in pochi anni ha cancellato la presenza dello Stato nell'economia e dove per acquistare una casa è sufficiente recarsi al catasto. Dopo aver costruito la più efficiente banca polacca, Alessandro Profumo ha spostato il proprio baricentro verso Vienna e la Baviera. Finalmente una scommessa coraggiosa e credo vincente.

È noto che una delle ragioni delle nostre difficoltà economiche è l'eccessiva concentrazione nelle attività manifatturiere, dal tessile alla meccanica – dove rimanere competitivi è sempre più difficile – e lo scarso sviluppo dell'industria dei servizi.

Abbiamo servizi domestici, spesso protetti, che non esportano nulla e certamente non servono a pagare il petrolio che importiamo. Generali e Unicredito sono l'esempio di come invece dovremmo essere: basta chiedere dazi, domandiamoci piuttosto di quali servizi hanno bisogno polacchi e cinesi; non solo servizi finanziari, ma anche buona architettura, design, grafica, pubblicità, modelli, *management* e logistica per imprese con una struttura ancora primitiva.

Unicredito ha acquistato la seconda banca tedesca nel silenzio assoluto della Bundesbank e del Governo di Berlino. Che ne pensano coloro che per anni ci hanno spiegato che la Banca d'Italia doveva difendere le nostre banche perché così avviene ovunque in Europa?

Nelle ultime settimane le azioni delle Generali e di Mediobanca, che è il maggior azionista della compagnia triestina, sono andate a ruba. C'è grande preoccupazione per chi possano essere gli acquirenti: io penso che siano semplicemente fondi di investimento che conoscono il grande successo delle Generali in Cina. L'unica difesa delle Generali è il suo *management*. Quel che veramente mi preoccupa è la possibilità che qualche concorrente convinca i dirigenti triestini a trasferirsi, a Monaco, a Londra o Parigi: questa sì sarebbe una perdita grave per l'Italia.

Differente è il caso di RCS, l'azienda che possiede il «Corriere della Sera». I quotidiani sono diversi dalle polizze vita e dalle automobili: producono informazione, cioè un bene pubblico. Mi sembra tuttavia che blindare il controllo di RCS con accordi tra i maggiori azionisti rischi di essere un rimedio momentaneo. In questo modo prima o poi si finisce per delegare ai tribunali la decisione su chi ha il diritto di comandare. Meglio sarebbe se gli azionisti si adoperassero per costruire un filtro tra proprietà e scelte editoriali, come già suggerì, nel dopoguerra, Luigi Einaudi.

Banche, ora parli il ministro[2]

Dieci anni fa l'Istituto nazionale delle assicurazioni, da poco privatizzato, chiese alla Banca d'Italia l'autorizzazione per costruire, con Banca nazionale del lavoro e Banco di Napoli, un polo finanziario italiano con una forte presenza nell'Italia centrale e meridionale, quella "Banca per il Sud" della quale alcuni ritengono che il Mezzogiorno abbia bisogno. L'autorizzazione fu negata per le vie brevi. La Banca d'Italia non spiegò mai il perché di quella decisione: evidentemente temeva la presenza di alcuni fondi di investimento esteri fra i soci di Ina, che in questo modo sarebbero diventati, seppur indirettamente, azionisti delle due banche. Poco dopo il Banco di Bilbao, che al momento della privatizzazione di Bnl ne aveva acquistato il 10 per cento, chiese l'autorizzazione a fondere le due banche per creare uno dei maggiori gruppi europei.

Anche questa volta il permesso venne negato, nonostante il parere favorevole dei due governi: vi fu una famosa cena alla presenza dei due primi ministri, Aznar e Amato, e del governatore per cercare, inutilmente, di convincerlo. La storia si è ripetuta con Capitalia, quando il governatore bocciò l'Opa del San Paolo: anziché una terza grande banca italiana ne rimangono due deboli, entrambe senza una strategia. A che cosa sono servite queste battaglie di retroguardia? Oggi il Banco di Napoli non esiste più.

La Bnl, che dieci anni fa era l'unica banca italiana, oltre alla Comit, con una presenza internazionale radicata e trattava con gli spagnoli da pari a pari, è un'istituzione indebolita, priva di una strategia, preda di alcuni immobiliaristi romani che sono diventati azionisti della banca grazie ai crediti ricevuti, forse dalla Bnl stessa. Dieci anni fa sarebbe stato possibile, muovendosi con lungimiranza, trattare alla pari con gli spagnoli del Bilbao e gli olandesi di Abn. Chissà, forse oggi una di queste banche avrebbe sì azionisti stranieri, ma un *management* italiano come Vodafone o STMicroelectronics. Oggi invece, ridicolizzati dal «Financial Times», sotto scacco da Bruxelles e con banche indebolite, siamo diventati terra di conquista. Forse sarebbe stato bene che, prima di confermare il mandato a tempo indeterminato del governatore, il Parlamento si fosse chiesto a chi dobbiamo questo bel risultato. Fortunatamente non tutte le nostre banche sono deboli. Ve ne sono alcune, una o due, che avrebbero la forza per acquisire una dimensione europea – Unicredito già lo fa nell'Europa dell'est.

Ma la difesa miope delle cause perse frena anch'esse. Siamo all'indomani di una rivoluzione del mercato finanziario europeo, il cui primo passo forse sarà una grande operazione franco-tedesca "benedetta" da Schröder e Chirac. Possiamo partecipare a questo gioco e far crescere in Europa una grande banca italiana, oppure possiamo continuare a trastullarci con alcuni immobiliaristi romani scambiandoli per la famiglia Rothschild. Quando siede accanto al governatore, il ministro dell'Economia ammicca malizioso, per fare capire che, dipendesse da lui, ben altre sarebbero le scelte.

Anziché ammiccare, dovrebbe avere il coraggio di andare in Parlamento e dire quello che pensa davvero.

Banche: i rischi dell'autarchia[3]

Mentre la finanza europea è prossima, io penso, a una trasformazione storica, che per la prima volta dalla fine dell'Ottocento vedrà la nascita di grandi istituzioni paneuropee, la maggior parte delle nostre banche dimostra di continuare a credere che il centro del mondo finanziario non sia a Londra, Amsterdam o Francoforte, ma a Roma, e sta via via allontanandosi dall'Europa. Nell'Italia contadina del dopoguerra la Comit capitalizzava in Borsa più di Deutsche Bank e offriva alle nostre imprese i servizi di una presenza globale.

Nell'era della globalizzazione ci si preoccupa che il Parlamento non tolga al governatore della Banca d'Italia il diritto di veto su fusioni e acquisizioni, per continuare a essere protetti dallo "straniero". Se il disegno di legge sul risparmio non verrà modificato, il merito di eventuali fusioni tra banche non sarà deciso dal mercato, ma dall'Autorità antitrust e dalla Banca d'Italia, la prima legittimamente, l'altra al solo scopo di perpetuare un sistema bancario nazionale e autarchico. È una prospettiva che rischia di far fare alle nostre banche la fine dell'Alitalia, che per essere stata troppo a lungo protetta è rimasta provinciale e zitella.

Per comprendere le trasformazioni cui si appresta il mercato finanziario europeo bisogna partire dagli Stati Uniti d'America. Infatti, sebbene per molti aspetti – popolazione, ricchezza, volume di risparmio – l'area dell'euro sia ormai molto simile a quella del dollaro, le istituzioni che operano nei due mercati non potrebbero essere più diverse. La deregolamentazione degli anni Ottanta ha prodotto una forte concentrazione del mercato finanziario americano: la quota delle prime cinque banche è salita dal 12 al 26 per cento; le prime due, Bank of America e JPMorgan-Chase, hanno quote tra il 7 e l'8 per cento ciascuna. Paradossalmente, mentre la concentrazione aumentava a livello nazionale, diminuiva nei singoli Stati dove si è aperta la concorrenza tra i grandi gruppi nazionali. Le banche che sono scomparse sono quelle di media dimensione, come Fleet in Massachusetts acquistata lo scorso anno da Bank of America.

Sopravvivono invece le banche minori che servono imprese piccole, che mal si attagliano alle procedure di una grande banca: la preoccupazione che la concentrazione avrebbe ridotto il credito alle aziende minori si è rivelata infondata. La situazione nell'area dell'euro non potrebbe essere più diversa: dodici diversi sistemi di custodia e liquidazione dei titoli, che riducono la liquidità del mercato (e che finora è stato difficile unificare per la resistenza di piccole gelosie nazionali), dodici diverse autorità di vigilanza, assenza pressoché totale di banche veramente europee. ABN-Amro, ad esempio, controlla quasi metà del mercato olandese, ma ha una quota inferiore al 2 per cento nell'area dell'euro.

Il processo di concentrazione delle banche europee è finora avvenuto esclusivamente all'interno dei singoli Paesi, con l'eccezione del Benelux e di Svezia e Finlandia, dove invece sono nate alcune banche transnazionali. Il risultato è che in Europa, diversamente dagli Stati Uniti, oggi vi è meno, non più concorrenza. Per comprendere quanta strada dovremo fare per costruire istituzioni simili alle grandi banche americane, basti pensare che per raggiungere una quota di mercato uguale a quella di JPMorgan-Chase sarebbe necessaria una fusione tra la tedesca Deutsche Bank, la francese Crédit Agricole e l'olandese ABN-Amro. La dimensione provinciale delle banche europee le danneggia soprattutto in due aree: la gestione del risparmio e i servizi finanziari alle grandi imprese.

Nei consorzi di collocamento dei titoli emessi dalle aziende, un settore cresciuto molto rapidamente con l'euro, il mercato è stato ormai conquistato dalle banche americane. Un tempo, nei piccoli mercati nazionali, a questi consorzi partecipava sempre una banca locale e, una volta su due, un'altra banca europea; le banche statunitensi erano pressoché assenti. Oggi nell'80 per cento dei casi vi è almeno una banca americana, perché per collocare grandi quantità di titoli serve una presenza globale, proprio quella che fino a ora è mancata alla maggior parte delle banche europee.

La gestione del risparmio è un'attività che dipende dalla ricerca e dal capitale umano, quindi con forti economie di scala: l'euro ha consentito a tre istituzioni europee (Deutsche Bank, Allianz e Axa) di raggiungere una dimensione simile alle maggiori americane, ma sono tre casi isolati. È evidente che in Europa ormai si può crescere davvero solo con fusioni tra istituzioni di diversi Paesi. Qualora infatti si dovessero fondere i quattro maggiori gestori di risparmio italiani, SanPaolo-Imi, UniCredito, Intesa e Capitalia – una fusione evidentemente impossibile grazie alle regole della concorrenza – il risultato sarebbe comunque inutile: insieme gestirebbero circa 300 miliardi di euro, la metà di Vanguard, un grande fondo americano. Con diversa lungimiranza, altrove nei Paesi dell'euro, i governi e le banche stanno cominciando ad affrontare questi problemi. Dopo la fase di consolidamento nazionale sta per iniziare un secondo giro, questa volta transnazionale.

ABN-Amro ha abolito le azioni privilegiate, una mossa volta a rendere più facile un'eventuale fusione; Deutsche Bank sta valutando come si comporterebbe nel caso di un'offerta di acquisto da parte di Citigroup e il mercato sembra scommettere su una fusione tra Crédit Suisse e UBS. Incurante di tutto ciò, la maggior parte dei nostri banchieri continua a vivere tranquilla sotto l'ala protettiva dei loro nuovi azionisti, gli ex notabili democristiani divenuti i padroni delle fondazioni bancarie. Se non si svegliano, rischiano davvero di fare la fine dell'Alitalia.

I gattopardi del credito[4]

L'emendamento alla legge finanziaria proposto dal ministro dell'Economia Giulio Tremonti, che prevede nuove regole per le fondazioni bancarie, avrà l'effetto, se approvato, di ridisegnare in tempi brevi la mappa del capitalismo italiano. La scelta di rendere più netta la separazione tra le fondazioni bancarie e gli istituti di credito va sicuramente nella direzione giusta: affidare a entità nettamente distinte la gestione del credito e quella delle iniziative sociali e del *no profit* sgomberera il campo da ambiguità e gioverà al funzionamento di ambedue i settori. Liberando nuove risorse per investimenti di pubblica utilità.

La riforma, secondo il Governo, si inserisce nell'alveo della legge Ciampi ma, per come è stata costruita, presenta anche un grosso rischio: se in Parlamento non verranno introdotti robusti correttivi al testo del Governo, il risultato finale potrebbe essere un rafforzamento dell'influenza della politica, in particolare di comuni e regioni. E la regia del riassetto del nostro sistema finanziario verrebbe affidata, ancor più di quanto oggi già sia, alla Banca d'Italia.

La nuova norma crea infatti le premesse per la nascita di grandi istituzioni finanziarie controllate dalle autonomie locali, sul modello delle Landesbanken tedesche contro le quali per anni si è battuta la Commissione europea: con una differenza: che le banche pubbliche tedesche controllano solo il 35 per cento del mercato, mentre le nuove istituzioni italiane ne avrebbero il controllo pressoché totale.

I vincitori di questa partita sono Bossi e Tremonti: un'alleanza di ferro che in nome del federalismo rafforza l'influenza sull'economia di comuni e regioni. Un'intesa che aveva già portato alla norma sulle privatizzazioni delle aziende municipali che prevede la possibilità, non l'obbligo, per i comuni di cedere il controllo di queste società.

Gli sconfitti sono i potenti presidenti delle fondazioni che entro novanta giorni dall'approvazione della Finanziaria perderanno il posto: Giuseppe Guzzetti (Cariplo), Paolo Biasi (Verona), Fabrizio Palenzona (Torino), Dino De Poli (Treviso). Verrebbe da dire, ben gli sta: avevano cercato di erigersi sopra la democrazia e fuori dal mercato, non per gestire fondazioni dedicate all'arte, alla scienza, alla cultura, ma per comandare nelle banche. È salutare che oggi venga loro ricordato che per comandare occorre essere eletti dai cittadini, oppure delegati dagli azionisti, non cooptati dagli amici (sarà curioso vedere come questa regola si applicherà anche alla fondazione che controlla la Banca di Roma, dove da sempre la cooptazione è stata la regola).

La nuova norma prevede, e molti hanno sottolineato la novità di questa disposizione, che le fondazioni affidino le azioni delle banche a società specializzate nella gestione del risparmio (Sgr). Queste, sotto la regia della Banca d'Italia che viene delegata a regolarle, saranno responsabili della gestione corrente. Le fondazioni potranno intervenire solo nelle assemblee straordinarie e comunque, entro il 2006, dovranno vendere le azioni. Ma che cosa accadrà se non lo faranno? La norma non affronta il problema ed è facile prevedere che comuni e regioni, i nuovi padroni delle fondazioni, si appelleranno al principio costituzionale dell'autonomia locale per opporsi a questo "esproprio": già, come detto, lo hanno fatto in occasione della privatizzazione delle aziende municipali. Le vecchie fondazioni si consideravano soggetti privati e proprio per questo si opponevano a ogni regola che li obbligasse a vendere le banche. Le nuove fondazioni saranno soggetti pubblici, protetti dalla Costituzione: rischia di essere un bel passo indietro nella privatizzazione delle banche. Il Tesoro sostiene che in realtà intende mantenere le fondazioni nell'area privata, anche dopo la separazione dalle banche. Ma allora la nuova norma deve essere ulteriormente modificata.

Una moderna teocrazia[5]

All'inizio del suo mandato, il ministro Giulio Tremonti aveva esposto un progetto coraggioso: affidare le banche al mercato, sottraendole al controllo delle fondazioni e introdurre in questi enti la democrazia, limitando la possibilità di chi vi comanda di perpetuarsi in eterno. Il progetto è fallito e sarebbe interessante sapere se Tremonti intende alzare bandiera bianca o perseguire un piano alternativo. Tolto di mezzo uno scomodo "guastafeste", Vincenzo Maranghi, amministratore delegato di Mediobanca, il sistema è stato pacificato: in quattro banche su cinque, e in tutte le maggiori, comandano le fondazioni e gli ex politici, per lo più democristiani, che le presiedono. (Non vale neppure la pena di ricordare che i presidenti delle fondazioni, quelli stessi ai quali la prima Finanziaria di Tremonti aveva dato novanta giorni di vita, passati quattro anni sono ancora tutti al loro posto.)

Ovviamente la forma è salva: in ossequio alla legge Ciampi i presidenti delle fondazioni non siedono più nei consigli delle banche, ma nei patti di sindacato, dopo avervi attribuito tutto il potere vero: invito a leggere le competenze del direttivo del patto di Sindacato di Banca Intesa (<www.bancaintesa.it>) dove le due fondazioni azioniste, Cariplo e Cariparma, con il 33 per cento dei voti sono determinanti in tutte le questioni rilevanti dove si richiede una maggioranza del 70 per cento.

L'influenza delle fondazioni si estende sulle Assicurazioni Generali, in cui contano, direttamente o indirettamente, per un 25 per cento del capitale. Il prossimo passo consisterà nel nominare al vertice persone di fiducia delle fondazioni, come si intuisce dalle critiche all'attuale gestione. E infine, tramite le banche, le fondazioni hanno un'influenza importante sulle aziende, soprattutto su quelle più indebitate, a iniziare dalla Fiat.

È stato così elaborato un sistema di potere quasi teocratico. Chi ne è a capo si considera nominato "a vita", in primis il governatore della Banca d'Italia il quale, riunendo in sé la funzione di vigilanza e di antitrust, caso quasi unico al mondo, ha sulle banche un potere discrezionale e assoluto. Nelle fondazioni, la Cariplo ad esempio, i consiglieri sono in parte direttamente cooptati, in parte scelti dalla fondazione in terne indicate da enti pubblici, quindi con ampia discrezionalità dei consiglieri in carica. Per la proprietà transitiva sarebbe altrettanto difficile sostituire il presidente di Banca Intesa poiché egli è designato dal direttivo del patto di Sindacato, dove la fondazione Cariplo ha un diritto di veto.

Recentemente sono comparsi, tra gli azionisti delle banche, alcuni imprenditori privati: Emilio Gnutti nel Monte dei Paschi, Danilo Coppola nella Bnl, Stefano Ricucci in Capitalia. Le banche italiane sono aziende mature, i cui risultati difficilmente faranno faville: perché un imprenditore dovrebbe investire in una banca, anziché nella propria azienda? Evidentemente non si tratta di decisioni guidate dalla redditività (speriamo almeno che i denari investiti siano proprio degli imprenditori e non presi a prestito dalle banche stesse). Diverso sarebbe se l'interesse per le nostre banche provenisse dall'estero, magari da qualche banca europea interessata a costruire un polo finanziario nell'area dell'euro: cercò di farlo la maggiore banca spagnola, il Bilbao, prima con Unicredito, poi con Bnl, ma il governatore lo ha impedito, sebbene il consolidamento degli anni recenti abbia molto rafforzato le nostre banche, riducendo il rischio di un'invasione dall'estero. Il risultato è un sistema finanziario sempre più chiuso in se stesso, che considera la Banca d'Italia il centro dell'universo.

Nelle Considerazioni finali, Antonio Fazio ha detto che le imprese italiane dovrebbero essere orgogliose di banche capaci di competere sui mercati internazionali; più vicino al vero è il giudizio del presidente dell'Autorità antitrust, Giuseppe Tesauro: nel rapporto annuale al Parlamento, ha incluso l'intermediazione finanziaria tra i settori che frenano la competitività delle nostre imprese.

Il modello bancario che serve alle imprese[6]

Caro direttore, molti in Italia si interrogano su ciò che sta accadendo nel Nordest. Mentre ancora cercavamo di capire quale miscela straordinaria avesse trasformato in pochi decenni un'economia agricola nella regione più dinamica del Paese, quel modello fortunato si è inceppato. E il ruolo che alcuni imprenditori veneti stanno giocando nella battaglia per Antonveneta accentua le mie perplessità.

Ma l'analisi sinora più lucida rimane quella che scrisse qualche domenica fa su queste colonne, nel suo ultimo editoriale, il vostro grande direttore, Fabio Barbieri:

> Chi si preoccupa solo di incassare delle plusvalenze può dirsi felice di quanto sta accadendo. Ma chi ha a cuore interessi più generali dovrebbe mettersi le mani nei capelli e strapparli a ciocche. E battersi il petto e pentirsi per aver tradito la propria missione. Insieme ad Antonveneta, che sarà governata da Amsterdam o da Lodi, saranno seppellite le velleità degli imprenditori veneti di essere classe dirigente. Qualche volta vale

la pena di guadagnare oggi un euro in meno per avere domani un euro in più da investire con coraggio e lungimiranza. Il miracolo veneto aveva stupito il mondo: ora stupisce solo per la velocità con la quale è nato, è vissuto ed è morto.

Aggiungo solo che Antonveneta non è l'unica battaglia persa degli imprenditori veneti. La decisone su chi controllerà il «Gazzettino» è ormai affidata agli avvocati e ai tribunali: davvero la plusvalenza che alcuni imprenditori hanno incassato compensa la perdita del controllo di un quotidiano tanto influente in Veneto? Non vi preoccupa che il nuovo editore lo abbia pagato caro perché – lui sì con lungimiranza – si è chiesto quanto vale il «Gazzettino» per un'azienda che si appresta a gestire i miliardi di fondi pubblici che verranno spesi nelle infrastrutture delle regione?

Ma torniamo ad Antoveneta. Alcuni giorni fa il nuovo presidente degli industriali di Venezia, Antonio Favrin, ha scritto:

> Dobbiamo svegliarci e renderci conto che siamo a una svolta epocale. Il cambiamento richiede quantità finanziarie enormi. Qui viene in gioco il ruolo delle banche che finora hanno erogato fondi nell'attesa di un aumento del fatturato e della redditività della singola azienda. In una prima fase, fatturato e redditività caleranno, perché le imprese devono ristrutturarsi e cercare nuovi modelli produttivi. Le banche sono chiamate a un formidabile cambio di mentalità.

Al Veneto oggi servono due diversi tipi di finanza: venture capital fondi chiusi per scommettere sulle idee e far nascere nuove imprese; credito paziente per accompagnare la trasformazione delle imprese che esistono.

Nella finanza per le idee Alessandro Benetton è stato un precursore intelligente e illuminato: mi auguro che le nuove responsabilità che gli sono state affidate nella gestione dell'azienda di famiglia – che si è (purtroppo) rifugiata nella comoda gestione del monopolio autostradale – non gli facciano perdere l'entusiasmo di gioventù.

La ristrutturazione e la ricerca di nuovi modelli produttivi richiedono banchieri diversi. Ricchi (di depositi) per poter accompagnare l'impresa nelle lunga traversata verso un nuovo modello; e con una conoscenza approfondita delle aziende che operano nel loro territorio per essere in grado di capire se la ristrutturazione può avere successo e i fidi prima o poi rimborsati.

È di questi banchieri che gli imprenditori del Nordest hanno deciso, per qualche euro, di disfarsi: io temo se ne pentiranno.

Oggi comunque è troppo tardi: rimane solo la scelta tra una soluzione, quella offerta da ABN-Amro, che almeno garantisce le economie di scala che una grande banca internazionale può offrire – nella gestione del risparmio e nell'accesso al mercato dei capitali – e l'alternativa di una piccola banca regionale soprattutto interessata a sistemare il proprio traballante bilancio attingendo ai risparmi delle famiglie venete.

La politica, le Generali e uno strano emendamento[7]

Approvando la legge finanziaria per il 2004, il Senato ha creato le condizioni per l'ingresso della politica nel consiglio di amministrazione delle Assicurazioni Generali, la più grande società finanziaria italiana e la terza in Europa. Ora la legge è alla Camera per il voto finale. Prima ancora che la sostanza della nuova norma, sconcerta il modo in cui essa è stata introdotta: con un emendamento all'articolo 11 del Titolo II sotto l'intestazione «Disposizioni in materia di entrate» (*sic*) e con un testo scritto in modo da far intendere l'esatto contrario di ciò che si vuol fare. La legge Ciampi sulle fondazioni bancarie prevede (art. 4.3 del decreto legislativo 17 maggio 1999, n. 153, poi confermato dalla Finanziaria del 2002) che né i membri dell'assemblea di una fondazione (il cosiddetto «Organo di indirizzo») né i membri del suo consiglio di amministrazione possano ricoprire la carica di amministratore della banca della quale la fondazione è azionista, e neppure di società operanti nel settore bancario, finanziario o assicurativo. Stabilisce cioè, giustamente, il principio che i consiglieri delle fondazioni debbono occuparsi di come investire la rendita del loro capitale, in arte, istruzione, ricerca, non di finanza.

Il nuovo testo riduce fortemente i casi di incompatibilità tra la carica di amministratore della fondazione e quella di amministratore di altre società, ma l'articolo approvato dal Senato non lo dice esplicitamente: anziché stabilire in quali casi non si applica più l'incompatibilità, il testo si limita a elencare le incompatibilità che rimangono valide:

> I soggetti che svolgono funzioni di amministrazione, direzione o controllo presso la fondazione non possono ricoprire funzioni di amministrazione, direzione o controllo presso la Società bancaria conferitaria o sue controllate. I soggetti che svolgono funzioni di indirizzo presso la fondazione non possono ricoprire funzioni di amministrazione, direzione o controllo presso la società bancaria conferitaria.

Apparentemente una previsione in linea con il principio della separazione; confrontando però questo testo con il precedente, si scopre che lo spirito della legge Ciampi è tradito. Ai membri dell'assemblea non è più vietato partecipare ai consigli di società controllate dalla banca: potranno ad esempio essere nominati consiglieri delle società che la banca costituisce per gestire i propri fondi di investimento. Fin qui poco male. Ma per i membri del consiglio della fondazione, incluso il suo presidente, cade l'incompatibilità con la partecipazione ai consigli di amministrazione di «altre società operanti nel settore bancario, finanziario o assicurativo». La norma sana la posizione del presidente della Fondazione Cassa di Risparmio di Verona, Paolo Biasi, membro del consiglio e del comitato esecutivo delle Generali, in violazione della legge Ciampi: se la Camera confermerà il testo del Senato, Biasi (che in Generali conta direttamente per un 2 per cento dei voti e indirettamente, tramite UniCredito, del quale è il secondo maggior azionista, per un altro 2 per cento) può legittimamente aspirare alla presidenza della società triestina.

Ma la norma apre anche la strada ad altri ingressi nel consiglio delle Generali, ad esempio dei consiglieri dell'Ente Cassa di Risparmio di Roma che, attraverso Capitalia, controllano un altro 2 per cento. Si dirà: ma che c'entra la politica? In realtà è peggio perché i politici almeno sono eletti. Gli amministratori delle fondazioni sono in parte cooptati, in parte scelti dai consiglieri in carica all'interno di terne indicate da enti pubblici. Ora, con il beneplacito del Governo, hanno fatto in modo che venisse scritta una norma che consente loro di occuparsi di quanto a loro davvero interessa: né l'arte, né la ricerca, né la medicina, bensì il potere nella finanza.

Note

1. «Corriere della Sera», 13 giugno 2005.
2. «Corriere della Sera», 20 marzo 2005.
3. «Corriere della Sera», 18 febbraio 2004.
4. «Corriere della Sera», 7 dicembre 2001.
5. «Corriere della Sera», 30 giugno 2003.
6. «Il mattino di Padova», 19 giugno 2005.
7. «Corriere della Sera», 29 novembre 2003.

10
Gli Usa: ricchi, bravi (e indebitati)

Fino a quando saremo condannati a esportare il nostro risparmio negli Usa?[1]

In dieci anni di crescita ininterrotta – da tanto continua la straordinaria espansione dell'economia americana – gli Stati Uniti hanno accumulato una quantità altrettanto straordinaria di debito estero: 1500 miliardi di dollari, ai quali se ne aggiungeranno, solo quest'anno, altri 450. Sono cifre ingenti, anche per un Paese con un reddito annuo di oltre 9000 miliardi. I motivi dell'indebitamento sono semplici: gli investimenti, soprattutto per adattare le imprese alle nuove tecnologie informatiche, procedono a ritmi elevatissimi, e altrettanto elevati sono i consumi, sostenuti dai guadagni in Borsa delle famiglie. Quest'anno i soli investimenti in macchinari e attrezzature stanno crescendo a un ritmo dell'11 per cento e i consumi delle famiglie del 5,5. La produzione, che pure aumenta del 5 per cento, un tasso che è quasi il doppio della crescita europea, non ce la fa a tenere il passo con la domanda. E così gli Stati Uniti importano beni e servizi dal resto del mondo: solo quest'anno per 1200 miliardi di dollari. Rudi Dornbusch, economista del MIT di Boston, ritiene che il mondo non può permettersi un riequilibrio dell'economia americana: senza le loro importazioni (di Volvo, Lexus e BMW, ma anche di macchine utensili e trattori prodotti in Veneto e in Emilia) non vedremmo né la timida crescita europea, né la ripresa in Asia e in America latina. Siamo tutti quindi "condannati" a continuare a finanziare gli Stati Uniti, consentendo loro di consumare e investire più di quanto non producano.

D'altronde è una condanna che ci conviene: il risparmio investito negli Stati Uniti ha finora reso più che in qualunque altra parte del mondo. L'ultima volta che gli Stati Uniti avevano accumulato un debito così grande finì piuttosto male. Nella primavera del 1985, di fronte alla forte crescita del disavanzo estero americano (aveva raggiunto 120 miliardi di dollari, poco più di un quarto del valore attuale) il resto del mondo si spaventò e cessò di finanziare l'America. Il risultato fu un crollo improvviso del dollaro: in due anni si svalutò del 50 per cento rispetto al marco tedesco. Paul Krugman, economista dell'Università di Princeton ed editorialista del «New York Times», avverte che non ci si può indebitare in eterno: «Se qualcosa non può durare per sempre prima o poi si ferma».

I mercati tuttavia sembrano avere maggior fiducia nella capacità degli Stati Uniti di continuare ad attrarre capitali dal resto del mondo: oggi un'obbligazione decennale in dollari rende il 6,45 per cento, in euro il 5,10: gli investitori non si attendono certo un imminente crollo del dollaro. La differenza è che nel 1985 il disavanzo estero americano era soprattutto il risultato dell'ampio disavanzo pubblico: quando il presidente Reagan tagliò le tasse e aumentò la spesa militare, il deficit salì rapidamente. La situazione dei conti esteri era insostenibile perché insostenibili erano i conti del Governo federale.

Oggi, al contrario, il Governo federale ha un surplus tale da far prevedere, tra breve, addirittura l'azzeramento del debito pubblico. La maggior parte dei flussi finanziari dal resto del mondo verso gli Stati Uniti non è destinata come nel 1985 all'acquisto di titolo pubblici, ma d'imprese. Nel 1999 gli investitori del resto del mondo (per oltre due terzi europei) hanno speso quasi 300 miliardi di dollari per acquistare imprese americane: fino a un anno prima il valore di questi acquisti non aveva mai superato gli 80 miliardi all'anno. In fondo, ciò che sta accadendo negli Stati Uniti non è molto diverso da quello che è accaduto a Londra in anni recenti. Sono poche le banche rimaste di proprietà inglese, ma la City continua a essere il maggior centro finanziario d'Europa. Chissà in che parte del mondo abitano i proprietari delle aziende che nascono a Boston, intorno al MIT. Certo i loro laboratori sono lì, anche se fra i ricercatori che vi lavorano, gli americani sono ormai una minoranza, così come d'altronde sono pochi i banchieri inglesi a Londra.

Finché l'eccellenza nella ricerca e nella tecnologia rimarrà al di là dell'Atlantico saremo condannati a esportare negli Stati Uniti i nostri risparmi e ormai sempre più anche il nostro migliore capitale umano.

Lezione americana per creare lavoro[2]

La forte crescita dell'occupazione americana in settembre e ottobre, 250.000 posti di lavoro in più, mostra che è attraverso una riduzione delle imposte che si incoraggiano le famiglie a spendere e le imprese ad assumere: in ottobre, ad esempio, una catena americana di grandi magazzini, Kohl's, ha aperto 48 nuovi punti di vendita, assumendo 140 persone in ciascuno di essi. I nuovi lavori sono stati creati soprattutto nei servizi: 305.000 posti in più, mentre nell'industria l'occupazione ha continuato a scendere, riducendosi, in due mesi, di altre 50.000 unità. Neppure i forti acquisti del Pentagono sembrano essere riusciti ad arrestare il calo, probabilmente perché nelle aziende manifatturiere c'è ancora molta capacità inutilizzata e vi è quindi spazio per aumentare la produzione senza assumere: anziché l'occupazione, è migliorata la produttività, del 7,1 per cento nel terzo trimestre. È possibile che una parte della crescita dell'occupazione derivi dalla domanda di servizi per i soldati dislocati in Iraq: l'esercito americano si serve per lo più di imprese private per la logistica, dai trasporti di materiale a tutto ciò che serve per la sussistenza, ma solo l'aumento dei consumi delle famiglie può spiegare un caso come quello di Kohl's. Ciò che è accaduto negli Usa ci aiuta a comprendere come mai in Europa sia tanto difficile far crescere l'occupazione. Se la nuova domanda è soprattutto di servizi, questa si tramuterà in nuova occupazione solo se il settore dei servizi è sufficientemente aperto e flessibile, altrimenti aumentano le rendite, non i posti di lavoro.

Grazie alla frusta di Bruxelles, molta strada è stata fatta in Europa per liberalizzare l'industria; molto meno per introdurre più concorrenza nel settore dei servizi. Se i cittadini spendono di più e ricominciano a servirsi dei taxi, ma non si concedono nuove licenze, l'effetto non è un aumento del numero dei taxi, e quindi dell'occupazione: ciò che cresce è solo la rendita dei fortunati possessori di una licenza. Anziché più posti di lavoro avremo solo un aumento nelle importazioni di potenti Mercedes. Negli Stati Uniti, l'orario di apertura dei negozi e il numero di addetti per reparto nei grandi magazzini, sono ottimi indicatori dello stato dell'economia. Durante la recessione Stop & Shop, una catena di supermercati, aveva abolito due servizi: alle casse erano scomparsi i ragazzi che, al pomeriggio, dopo la scuola, impacchettano la spesa, e anche quelli che trasportano i pacchi dalle casse fino all'automobile del cliente.

Entrambi i servizi ora sono stati reintrodotti, al mattino l'orario di apertura è stato anticipato alle 8.00 e il supermercato chiude a mezzanotte, anche il fine settimana.

Quando lo si accusa di far troppo poco per liberalizzare l'economia, il Governo risponde che la regolamentazione dei servizi è ormai di esclusiva competenza di comuni e regioni. È vero, ma è anche vero che il Governo non è inerme. La legge finanziaria prevede una riduzione dei trasferimenti dal bilancio dello Stato a comuni e regioni, e ciò ha creato una forte tensione tra Governo ed enti locali. Come ogni anno, anche questa volta si arriverà a un compromesso, e la stretta sarà allentata, magari chiudendo un occhio sui debiti che questi enti contraggono con le banche. Ma se davvero il Governo volesse adottare un provvedimento utile per l'occupazione modulerebbe i trasferimenti a seconda del grado di liberalizzazione: più licenze per abitante, più trasferimenti. Gli effetti sull'occupazione sarebbero ben più significativi e, soprattutto, più immediati di quelli che produrrà la costruzione del ponte di Messina, ammesso che essa mai avvenga.

Il debito americano? Nelle tasche dei cinesi[3]

Quattro anni fa, al termine della presidenza Clinton, i conti pubblici Usa erano attivi per circa 90 miliardi di dollari; nel 2004 il deficit dell'amministrazione federale ha superato la cifra straordinaria di 600 miliardi, oltre il 5 per cento del Prodotto interno lordo. Gli Stati Uniti continuano a vivere a prestito dal resto del mondo: nei primi sei mesi di quest'anno gli americani hanno speso 323 miliardi di dollari in più di quanto hanno prodotto.

Anche ai tempi di Clinton gli Usa si indebitavano con il resto del mondo a ritmi simili, ma allora i debiti servivano per finanziare il boom di investimenti nella new economy; oggi servono per coprire la voragine aperta nei conti pubblici dalla riforma fiscale del presidente Bush che ha tagliato le tasse, ma anziché ridurre le spese le ha aumentate. Gli squilibri dell'economia americana sono oggi la maggior preoccupazione dei mercati finanziari. Le elezioni porteranno a una correzione di rotta? E se no, fino a quanto il resto del mondo continuerà a finanziare gli Usa? E che cosa accadrebbe se il flusso di risparmio verso gli Stati Uniti improvvisamente si arrestasse?

Le elezioni di novembre sono, almeno da questo punto di vista, un falso problema. La scorsa settimana a Washington, il Congresso, quasi all'unanimità, ha deciso di rendere permanenti i tagli alle tasse decisi da Bush. E i programmi elettorali dei due candidati differiscono nelle modalità di spesa (più per la difesa e la sicurezza Bush, più per il welfare Kerry), non nelle somme totali. Quindi il disavanzo pubblico non si ridurrà, almeno fino a quando il resto del mondo sarà disposto a finanziarlo. Il maggior finanziatore degli Usa oggi è la Cina: per questo ieri i cinesi sono stati invitati, per la prima volta nella storia, alla riunione dei ministri finanziari del G7.

Ci sono almeno due motivi per cui i cinesi continueranno per molti anni a finanziare il deficit americano. Innanzitutto, se smettessero di acquistare titoli Usa (ne acquistano per alcune decine di miliardi di dollari al mese), lo yuan immediatamente si rafforzerebbe, con una conseguente perdita di competitività dei prodotti cinesi. Ma che differenza può fare un 30 per cento in più, quando il costo del lavoro in Cina è una piccola frazione di quello americano ed europeo?

Non la pensa così il Governo di Pechino per il quale il vero problema è come riuscire a spostare 200 milioni di cittadini (circa la forza lavoro dell'intera Unione europea) dal settore agricolo a quello industriale: di fronte a numeri così grandi, anche una minima perdita di competitività fa una grande differenza. D'altronde questa è la politica che seguì il Giappone dal dopoguerra agli anni Ottanta: oggi la Cina dista, in termini di reddito medio, circa trent'anni dal Giappone: la politica del cambio debole, quindi, durerà a lungo. Il sistema finanziario cinese è debole, in particolare le banche rimangono a tutt'oggi vulnerabili per la fragilità dei loro bilanci, esposti verso imprese pubbliche che difficilmente restituiranno i prestiti ricevuti. La fragilità del sistema finanziario è un altro motivo che induce i cinesi ad accumulare riserve in dollari, che costituiscono un'assicurazione contro i rischi di una crisi finanziaria. Anziché solo dollari, i cinesi potrebbero accumulare anche euro e yen, e così stabilizzare, anziché il cambio con il dollaro, un paniere delle tre valute: questo è ciò che chiede alla Cina il Fondo monetario internazionale. Sarebbe una scelta intelligente, sia perché Giappone ed Europa sono mercati importanti per i prodotti cinesi, sia perché, diversificando le proprie riserve, la banca centrale di Pechino sarebbe meno esposta al rischio di una svalutazione del dollaro. Ciononostante i cinesi non abbandoneranno il dollaro, per un motivo politico, non finanziario. Finché comprano titoli pubblici americani mantengono un forte potere contrattuale nei confronti di Washington: sono loro che consentono agli americani di pagare meno tasse senza ridurre le spese, e possiamo essere certi che è un credito "politico" che al momento opportuno Pechino saprà incassare.

Note

1. «Corriere della Sera», 3 agosto 2000.
2. «Corriere della Sera», 12 novembre 2003.
3. «Corriere della Sera», 2 ottobre 2004.

11
America latina: viaggio nella crisi

Da Boston alla Patagonia. La febbre globale dei risparmi[1]

La tragedia, economica e sociale, dell'Argentina si avverte anche da lontano. Tra i tassisti di Boston, per esempio: fino a ieri erano russi, afghani, ucraini, oggi anche argentini, con i modi cortesi di una classe media istruita e improvvisamente decaduta.

Una laurea per un taxi. Anche nelle case di Washington le ragazze che si prendono cura dei bambini non provengono più solo dai Paesi poveri dell'America centrale: sono argentine. Qualche volta, plurilaureate. Ma non è solo l'Argentina a dibattersi in una crisi che in pochi mesi ha sospinto un cittadino su due al di sotto della soglia della povertà. Improvvisamente tutta l'America latina, con le sole eccezioni di Messico e Cile, si trova sul ciglio di una grave instabilità economica. E la paura dilaga in tutte le piazze finanziarie del mondo. All'inizio dell'anno, gli investitori chiedevano un premio del 7 per cento per acquistare titoli pubblici brasiliani in dollari: oggi vogliono più del 15 per cento. E lo stesso accade in Uruguay, la Svizzera dell'America del Sud. Eppure, solo pochi anni fa, questi Paesi erano esempi di stabilità. Nel 1997 le loro economie erano sopravvissute alle turbolenze finanziarie che si propagavano dal Sudest dell'Asia; nel 1998 erano uscite indenni dagli effetti dell'onda lunga della bancarotta russa. La svalutazione del Brasile, nel gennaio del 1999, era stata un successo straordinario: non si era mai visto un Paese dell'America latina svalutare il cambio del 30 per cento e poi ridurre l'inflazione. Parallelamente all'aggravarsi della situazione economica riemerge, nelle campagne elettorali che si stanno svolgendo un po' ovunque in questi Paesi, una sinistra arcaica, la stessa che, tra la fine degli anni

Ottanta e i primi anni Novanta li aveva portati all'iperinflazione. Nelle recenti elezioni che si sono svolte in Bolivia, per la prima volta il partito che rappresenta gli indios produttori di coca ha raccolto il 30 per cento dei voti e sarà determinante in Parlamento: il loro leader, Evo Morales, arrivato secondo nella gara per la presidenza (il ballottaggio si svolgerà il 3 agosto), è un sognatore che candidamente, nel 2002, dichiara di ispirarsi alla Cuba di Fidel Castro. In Brasile è sempre più probabile che alle elezioni per la presidenza della Repubblica, il prossimo ottobre, arriveranno due candidati entrambi oggi all'opposizione: Luís Inácio Lula da Silva, il leader storico del Partito laburista, e Ciro Gomes, un ex ministro conservatore passato con i socialisti, la cui campagna elettorale tenta di aggirare Lula da sinistra. E da Barcellona, la scorsa settimana, ha annunciato il ritorno in Argentina, per candidarsi alle elezioni presidenziali del prossimo marzo, Mario Firmenich, il leader dei guerriglieri Montoneros degli anni Settanta, esiliato dieci anni fa dal presidente Menem.

Il tema comune di questi candidati è la critica delle politiche liberiste degli anni Novanta, degli Stati Uniti e del Fondo monetario internazionale (Fmi), accusati di essere all'origine di tutti i mali dell'America latina. La situazione in Brasile è più sfumata e Lula parrebbe oggi disposto, per evitare che la crisi finanziaria esploda ancor prima delle elezioni, a firmare un accordo pre-elettorale con il Fondo monetario. Le interferenze degli Stati Uniti nella politica dell'America latina non sono una novità: il risultato di Morales in Bolivia, ad esempio, è anche la reazione a una sciocca dichiarazione dell'ambasciatore americano a La Paz. E le critiche sono più che giustificate quando puntano il dito contro le barriere doganali che Stati Uniti e Unione europea oppongono alle importazioni di prodotti agricoli e, recentemente, anche dell'acciaio. Ma le ragioni vere della crisi sono tutte interne all'America latina e hanno poco a che vedere con le liberalizzazioni avviate dieci anni fa, anzi sono proprio il risultato di una politica liberista iniziata e poi abbandonata a metà strada. L'inflazione è il peggior nemico dei poveri.

In Argentina, all'inizio degli anni Novanta, al picco dell'inflazione, il 41,4 per cento della popolazione era sotto la soglia della povertà. In pochi anni la stabilizzazione dimezzò il numero dei poveri: fu il più grande successo dell'allora ministro dell'Economia Domingo Cavallo, ma fu anche il solo. Dal 1994 la povertà ha continuato a salire, ritornando, prima della crisi di quest'anno, al 34,3 per cento. Lo stesso è accaduto alla distribuzione del reddito, migliorata fino al 1993, e da allora costantemente peggiorata. Il Brasile ha il triste primato della peggior distribuzione del reddito al mondo: all'1 per cento più ricco va il 10 per cento del reddito nazionale; al 10 per cento più ricco, quasi il 50 per cento del reddito; alla metà più povera della popolazione meno del 10 per cento del reddito. Ridurre la diseguaglianza senza arrestare la crescita (perché è proprio la crescita economica uno dei fattori più importanti per migliorare la distribuzione del reddito) non è facile: una strada è investire nell'istruzione e nella sanità. Ma negli otto anni della presidenza di Henrique Cardoso il Brasile ha ridotto la spesa pubblica in istruzione e sanità per aumentare le pensioni dei dipendenti statali: lo spostamento di risorse è stato ingente, oltre un punto in percentuale del Pil. La pensione di un dipendente pubblico è oggi circa otto volte quella media della popolazione, o meglio di quei pochi che hanno diritto a una pensione. È evidente che queste politiche hanno poco a che vedere con la liberalizzazione dell'economia o con le prescrizioni del Fondo monetario.

Sono il risultato di governi partiti bene, ma poi divenuti preda di corporazioni potenti e di una classe abbiente che tradizionalmente non paga le imposte. Finché l'inflazione è elevata, le tasse le pagano i poveri, attraverso la perdita del potere d'acquisto della moneta. Ma quando la stabilizzazione cancella la tassa dell'inflazione, e questa dovrebbe essere sostituita con le imposte sul reddito, i governi sono incapaci di far pagare le tasse: in Brasile l'imposta sul reddito copre meno del 20 per cento del gettito totale, contro il 30-40 per cento in Europa. E così, quando l'inflazione si ferma, comincia a crescere il debito pubblico: è questa la vera ragione della crisi argentina e dei problemi del Brasile, perché gli investitori sanno che alla fine l'unico modo per ripagare il debito sarà tornare all'inflazione. Ben conoscendo questi problemi, Domingo Cavallo aveva tentato una via diversa: se non si può aumentare il gettito fiscale, se non con l'inflazione, l'unica alternativa è ridurre la spesa pubblica. Le privatizzazioni, e un ridimensionamento della burocrazia, avrebbero consentito all'Argentina di sopravvivere anche con poche tasse, e senza debito né inflazione. Ma il tentativo non è riuscito perché Menem non poteva far a meno dell'appoggio politico dei dipendenti pubblici, evidentemente contrari a queste riforme. E così, per far quadrare i conti, non è rimasta che la via dell'inflazione. Ma Cavallo si è scontrato anche con un Paese riottoso alla concorrenza internazionale.

Un altro dei guai dell'Argentina è la struttura industriale: protette dai dazi del Mercosur (il mercato comune sudamericano, uno dei maggiori disastri dell'America latina), le imprese argentine, tra le poche eccezioni, la Techint dei Rocca, non sono mai state abituate a vendere sui mercati internazionali. E così producono beni che oggi nessuno vuole acquistare, anche se il cambio, dopo la svalutazione, è supercompetitivo. Hanno ragione gli argentini a protestare per i dazi agricoli europei: ma non è esportando carne che si cresce, si riduce la povertà e si impedisce l'emigrazione dei giovani più promettenti. Alle elezioni della prossima primavera (per le quali si è candidato anche l'"italiano" Macrì, mentre l'ex ferrarista Reutemann si è ritirato) alcuni prevedono che gli argentini richiameranno alla presidenza addirittura Menem. E così il ciclo ricomincerebbe: cambio fisso con il dollaro per arrestare l'inflazione e ridurre la povertà; seguirebbero pochi mesi di euforia, e poi di nuovo una crisi da debito, perché, come la volta scorsa, non si riuscirebbe né a sconfiggere la burocrazia né a far pagare le tasse. L'origine dei problemi del Brasile è simile, anche se Cardoso ha avuto molto più successo nell'aumentare il gettito fiscale, e per questo il Brasile eviterà la catastrofe argentina.

Il guaio è che, non potendo aumentare le imposte sul reddito, ha tassato i consumi, il lavoro, le transazioni finanziarie, introducendo ogni sorta di distorsioni nell'economia e quindi arrestando la crescita. Il debito del Brasile, contrariamente a quello dell'Argentina, oggi è sostenibile: è l'economia brasiliana che non regge alla pressione di un sistema fiscale tanto distorsivo. Il prezzo dei titoli pubblici del Brasile scende a ogni segnale, anche il più piccolo, che Lula potrebbe vincere le elezioni di ottobre e diventare il primo presidente delle sinistre. Forse ha ragione John Taylor, il sottosegretario per gli Affari internazionali del dipartimento del Tesoro di Washington, il quale ripete che il Brasile non tornerà all'inflazione perché Lula ha ben presente la lezione degli anni Ottanta. Ma non riuscirà nemmeno a ridurre la spesa pubblica perché, come a Buenos Aires, la corporazione più potente che sostiene Lula sono i dipendenti pubblici di Brasilia, gli stessi ai quali Cardoso ha tanto generosamente aumentato le pensioni. Occorre quindi chiedersi se Lula riuscirà a far pagare le tasse, oppure se ancora una volta i ricchi brasiliani, spaventati all'idea di pagarle, trasferiranno i loro redditi a Miami determinando una nuova crisi.

Argentina, tesori all'estero e fame dei bimbi[2]

Che pensare di un Paese il cui Governo ha accumulato 150 miliardi di dollari di debiti (15 dei quali con risparmiatori italiani), mentre i suoi cittadini più ricchi trasferivano nelle banche di New York oltre 100 miliardi di dollari? Che un anno fa ha dichiarato l'insolvenza, ma in dodici mesi non ha trovato il modo di riunire i suoi creditori intorno a un tavolo, per discutere quando verranno rimborsati e in che misura. La cui banca centrale, con 10 miliardi di dollari di riserve, si rifiuta di pagare una rata alla Banca mondiale per meno di un miliardo: con il risultato, poco lusinghiero, di aggiungersi al breve elenco di Paesi che non hanno rimborsato le istituzioni internazionali: Iraq, Liberia, Sudan e Somalia. E i cui politici, mentre i bambini muoiono per malnutrizione (nel Paese che è ancora il maggior produttore di carne al mondo e che quest'anno ha avuto un raccolto agricolo particolarmente buono), duellano da settimane nelle aule dei tribunali sulla data delle elezioni primarie all'interno del partito peronista. Sì, aveva ragione Rudi Dornbusch, il grande economista scomparso la scorsa estate. Un anno fa scriveva:

> L'unica soluzione per l'Argentina è seguire l'esempio della Società delle Nazioni che in Austria, nel 1918, dopo la guerra e il dissolvimento dell'impero, affidò la gestione dell'economia a un comitato di esperti internazionali. In Argentina a un comitato simile bisognerebbe anche chiedere di riscrivere la costituzione.

I disastri sociali, in America latina, hanno sempre la stessa origine: l'inflazione. In Argentina, nel 1989, quando i prezzi aumentavano del 40-50 per cento al mese, la percentuale di famiglie indigenti, quelle cioè che non sono in grado di acquistare ogni giorno un paniere di beni con il contenuto calorico minimo per la sussistenza, raggiunse il 16,5 per cento.

La stabilizzazione monetaria attuata dal presidente Menem e dal ministro Cavallo realizzò il miracolo: in poco più di un anno le famiglie indigenti si ridussero al 3 per cento. Negli anni Novanta, nonostante il cambio fisso con il dollaro, la perdita di competitività e il forte aumento della disoccupazione, l'indigenza aumentò, ma non esplose: alla fine del decennio era ancora inferiore al 10 per cento. Oggi, dopo la svalutazione di gennaio, ha raggiunto il 20 per cento. Diversamente dal passato, questa svalutazione ha avuto un effetto limitato sull'inflazione. La moneta si è svalutata del 270 per cento (da 1 a 3,7 pesos per un dollaro), ma i prezzi sono aumentati solo del 40 per cento. Anzi, dopo un balzo iniziale in primavera, i prezzi si sono stabilizzati: in ottobre sono cresciuti di pochi punti decimali. Ma all'interno dell'indice dei prezzi al consumo i beni alimentari sono saliti del 100 per cento, gli altri, soprattutto le tariffe pubbliche, molto meno. Il motivo è che il Governo può controllare i prezzi di luce, gas, telefono, trasporti pubblici, ma non il prezzo del grano o della carne. Se tenta di farlo questi beni scompaiono dal mercato e vengono esportati. Il risultato è che i più poveri, le famiglie per le quali i beni alimentari rappresentano una quota maggiore dei consumi, hanno sofferto di più e molti sono caduti sotto la soglia dell'indigenza. Lo si vede anche dai dati sulla distribuzione del reddito. Un anno fa il 10 per cento più ricco della popolazione aveva un reddito di 12 volte superiore al reddito del 10 per cento più povero: oggi il rapporto è 19 volte. È così che nel Paese che è il più grande produttore di carne al mondo alcuni possono morire per malnutrizione.

I nuovi indigenti in Argentina non sono solo i disoccupati. La disoccupazione è alta ma in un anno è salita relativamente poco, dal 18 al 20 per cento. Nelle famiglie indigenti si lavora ancora, soprattutto nell'economia informale, ma il salario non è più sufficiente per acquistare il minimo vitale. La maggior parte di queste famiglie vive nelle periferie di Buenos Aires e

Rosario. Nelle campagne, sia al nord che al sud del Paese, la situazione è migliore. I casi drammatici dei bambini morti a Tucumán, una piccola città nel nordovest dell'Argentina, hanno colpito tutto il mondo. Ma la situazione a Tucumán è migliore che nella periferia di Buenos Aires. A Buenos Aires, appena fuori dalla cinta della capitale federale, vivono circa 10 milioni di persone, quasi un terzo di tutta l'Argentina: tra questi le famiglie indigenti sono una su quattro.

Il futuro dell'Argentina[3]

«Negli Stati Uniti mi attende un importante compito diplomatico e politico», ha detto Eduardo Amadeo il giorno in cui è stato nominato ambasciatore dell'Argentina a Washington. «*Voy a tener que explicar la transition*». Non è questo ciò di cui ha bisogno l'Argentina dai suoi ambasciatori, così come non le serve un ministro del Tesoro che spende 200 milioni di dollari l'anno per accordi diplomatici di dubbia utilità, quando l'ente per la promozione delle esportazioni ha un budget inferiore ai 20. L'Irlanda ne stanzia oltre 200, attraverso la sua Export Promotion Agency.

Anziché occuparsi di politica internazionale, l'ambasciatore Amadeo dovrebbe convincere i supermercati americani a riempire gli scaffali di prodotti argentini e organizzare incontri a Washington con gli imprenditori di Rosario. Usare la diplomazia per promuovere le proprie esportazioni è importante – e gli sforzi in questa direzione del viceministro degli Esteri (e ora governatore della Banca centrale), Martin Redrado, sono da prendere come esempio – ma promuovere le esportazioni direttamente attraverso le grandi catene di supermercati è ancora più importante.

L'episodio di Amadeo non è folclore: è il sintomo di un problema ben più radicato, che è alla base del futuro dell'Argentina. Se paragonata alle sue dimensioni, l'economia dell'Argentina è incredibilmente chiusa. Le esportazioni non superano il 10 per cento del prodotto nazionale e i manufatti costituiscono solo un terzo delle esportazioni totali. Il Cile esporta quasi il 30 per cento della sua produzione, e alcune piccole nazioni europee arrivano al 50 per cento. Negli ultimi dieci anni, l'Argentina si è aperta, nonostante il cambio fisso che ha rallentato le esportazioni. Dal 1991 al 2001, le esportazioni argentine sono raddoppiate, da 12 a 23 miliardi di dollari; sono aumentate anche le esportazioni di manufatti, da 3 a 8 miliardi. Ma è ancora troppo poco. Il Brasile, grande otto volte l'Argentina, esporta il 12 per cento delle merci che produce, di cui il 57 per cento è costituito da manufatti.

Una delle ragioni per cui l'Argentina sembra incapace di uscire dalla crisi, è che il settore dell'economia in grado di far decollare le esportazioni e saldare il debito estero è ancora troppo poco sviluppato. Quando un Paese raggiunge il punto in cui c'è bisogno di tutte le sue esportazioni per pagare gli interessi sul debito estero e non rimangono risorse per pagare le importazioni, l'economia si arresta. Più aperta è un'economia più facile è evitare questa trappola.

Oggi l'Argentina deve affrontare una scelta che è al tempo stesso politica ed economica. Il modo con cui sceglierà di uscire dalla crisi determinerà il suo futuro. Quello che stupisce è che questo dibattito dovrebbe essere al centro della campagna elettorale, e invece non lo è.

Ci sono due modi per uscire dalla crisi: uno corrisponde al vecchio modello latino: una rapida ripresa dei salari reali e dei consumi interni. Considerata la crisi terribile in cui versa il Paese, questa opzione sembra quasi un sogno. Ma tutti i Paesi prima o poi superano le crisi, l'importante è *come*. Scegliendo il vecchio modello, entro tre o cinque anni l'Argentina tornerebbe a essere il Paese che abbiamo sempre conosciuto: segnato da un'economia molto chiusa, e particolarmente vulnerabile agli shock esterni.

L'alternativa è capitalizzare sulla straordinaria opportunità offerta dalla svalutazione: mantenere elevato il livello di competitività abbastanza a lungo in modo da consentire una ri-allocazione delle risorse verso le esportazioni. In un primo momento salari reali e consumi soffriranno, perché l'economia esce dalla crisi non attraverso l'aumento dei consumi, ma grazie agli investimenti necessari per espandere le esportazioni: creando nuove imprese e ristrutturando quelle già esistenti puntando sulle esportazioni. Ma in seguito, grazie all'ampliamento del settore delle esportazioni, anche i salari e i consumi cresceranno.

La politica economica può far molto per favorire l'apertura dell'economia. Bloccando il prezzo dei servizi pubblici, il Governo vince su due fronti: contiene l'inflazione e crea incentivi per spostare risorse dal settore domestico verso le esportazioni.

Nel vecchio modello i vantaggi arrivano prima, ma nel lungo periodo gli effetti sono devastanti: il ritorno a un'economia con gli stessi problemi che hanno portato l'Argentina sul baratro, e contro cui lotta da decenni. La via alternativa guarda invece alle nuove generazioni, ai giovani, e ci fa riflettere davvero su quale tipo di Paese gli argentini vogliano lasciare loro in eredità. Non dovrebbero esserci dubbi sulla scelta da fare.

L'Argentina detiene un primato mondiale: il numero di studenti iscritti alle facoltà di psicologia. Se sei introverso e chiuso in te stesso, hai bisogno di parecchi psicologi. Il ministro dell'Istruzione farebbe un gran bene al suo Paese, se anziché destinare risorse alle facoltà di psicologia aprisse nuovi corsi per la formazione di promotori commerciali, corsi nei quali si insegni ai giovani il marketing per poi inviarli nelle ambasciate all'estero. Farebbero miracoli, molto più delle chiacchiere vuote di Eduardo Amadeo nei salotti di Georgetown.

Note

1. «Corriere della Sera», 16 luglio 2002.
2. «Corriere della Sera», 20 novembre 2002.
3. «La Nación», 15 novembre 2002.

12

Diario cinese

Lo sviluppo che respinge la democrazia[1]

Pechino. Sulle impalcature di bambù dei grattacieli in costruzione a Shanghai è appesa la gigantografia di Fang Hongin, il nuovo direttore di Dragon tv, la televisione di Stato di Shanghai. Alcuni anni fa, a Pechino Fang conduceva il talk show televisivo più seguito in Cina, con il quale ogni settimana esplorava i limiti di tolleranza delle autorità; ma quindici anni fa, nella primavera del 1989, Fang manifestava a Tienanmen insieme a decine di migliaia di studenti che chiedevano più democrazia, almeno all'interno del Partito comunista cinese. A Tienanmen c'era anche Guo Shuqing, oggi vicegovernatore della Banca centrale, una delle persone dalle quali dipende la decisione se mantenere il cambio fisso con il dollaro, oppure rivalutare il renminbi. Anche Hu Shuli appartiene a quella generazione: dopo le prime esperienze nella stampa del partito, la giornalista, che l'«Economist» ha definito «la donna più pericolosa della Cina», oggi dirige «Caijng», una rivista economica che ogni due settimane pubblica inchieste sulle collusioni e la corruzione di imprenditori privati e funzionari pubblici. Ma sarebbe sbagliato pensare che il successo di alcuni dei giovani di Tienanmen e queste esperienze di informazione apparentemente libera siano il segno di un Paese che sta entrando nella democrazia. Le autorità cinesi consentono che «Caijng» si occupi della corruzione (in realtà, non rivelando molto di nuovo e limitandosi a registrare ciò che i cittadini osservano quotidianamente).

Ma nel contempo le stesse autorità escludono che nel 2008 il nuovo Parlamento di Hong Kong possa essere eletto, una brutta notizia per chi sperava che Hong Kong potesse costituire un laboratorio per la transizione democratica di tutta la Cina. (Per la verità le autorità hanno escluso elezioni nel 2008, ma hanno lasciato intravedere la possibilità di elezioni la volta successiva, nel 2012.)

Ho piuttosto l'impressione che Fang Hongin, Hu Shuli, lo stesso Guo Shuqing, partiti da Tienanmen, abbiano via via assimilato una filosofia che Yongtu Long, colui che negoziò l'ingresso della Cina nel Wto (l'Organizzazione mondiale del commercio) descrive con queste parole abbastanza crude: «Il primo diritto umano è uscire dalla povertà. In quindici anni abbiamo sottratto alla povertà 200 milioni di persone; 700 milioni di cinesi oggi vivono in abitazioni servite dalla corrente elettrica, un lusso dal quale quindici anni fa erano escluse. Per questo la nostra priorità è la crescita; tutto il resto, francamente è secondario».

Crescere non significa solo uscire dalla povertà. Venticinque anni fa, prima delle riforme di Deng Xiao Ping, la distribuzione del reddito in Cina era più egualitaria che in Svezia; oggi vi è molta diseguaglianza. Non solo tra città e campagne, tra le province occidentali e quelle che si affacciano sulle coste dell'Oceano Pacifico, ma anche nelle città più ricche, dove ogni giorno arrivano migliaia di contadini alla ricerca di un lavoro (il flusso dalla campagna alla città è stimato in 120 milioni di persone nei prossimi dieci anni). Oggi il grafico che descrive la distribuzione del reddito cinese assomiglia più al Brasile che alla Svezia. Ma più diseguaglianza vuol dire anche più opportunità: diventare ricchi oggi in Cina continua a essere molto difficile, ma non è più impossibile, altrimenti non sarebbero tanto numerosi i ragazzi che la sera affollano i bar del centro di Shanghai, ormai più simili ai pub londinesi di South Kensington che a quelli di Milano.

Ma davvero la Cina può fare a meno della democrazia? In un articolo pubblicato alcuni anni fa, "Le democrazie illiberali", Fareed Zakaria, allora direttore della rivista americana «Foreign Affairs», contesta la priorità data alla democrazia, intesa come la possibilità di scegliere la classe politica tramite libere elezioni. Il mondo è pieno di Paesi apparentemente democratici, nei quali governi "democraticamente eletti" calpestano le libertà individuali: dal Perù alla Sierra Leone, dal Pakistan alle Filippine alla Russia di Vladimir Putin. Le elezioni servono a poco se poi i governi democraticamente eletti limitano l'indipendenza della stampa e della magistratura.

«C'è più libertà a Shanghai che a Mosca», dice una collega di Tsinghua, la migliore università cinese. Probabilmente ha ragione anche se, accanto alla democrazia illiberale di Putin, vi è la straordinaria esperienza dell'India, un Paese che cresce altrettanto rapidamente della Cina, ma che nelle elezioni del mese scorso ha messo in dubbio questo modello e soprattutto la nuova diseguaglianza che esso comporta. Molti ritengono che dopo il cambiamento di Governo, la crescita indiana rallenterà: è probabile, ma forse gli elettori hanno guardato più lontano e si sono chiesti quale società vogliono lasciare ai loro figli. La Cina è priva di strumenti politici che consentano di porsi queste domande. È per questo motivo che io penso che Pechino non possa mettere in soffitta il problema della democrazia. Anzi, penso che questo sia il nodo dal quale dipende il futuro del Paese. Innanzitutto perché il regime, nonostante le battaglie di «Caijng» e nonostante la pena di morte, ha dimostrato di non essere in grado di ridurre la corruzione, oggi il fenomeno del quale i cinesi più si lamentano. La diseguaglianza può essere accettata, ma non se è il frutto della corruzione. E poi perché senza cambiamento politico il Paese rischia di perdere la propria deriva.

Francesco Sisci, il direttore dell'Istituto italiano di cultura in Cina, è uno degli osservatori più attenti del Partito comunista cinese: molti leader della nuova generazione, lo stesso Guo Shuquing, erano suoi compagni di università nella Pechino degli anni Ottanta:

> Dopo la scomparsa di Deng il Partito e la Cina non hanno più un dittatore benevolente con l'autorità necessaria per decidere. L'ufficio politico del Comitato centrale oggi comprende oltre venti persone e ogni decisione richiede l'unanimità. Per quelle più importanti serve un consenso ancor più vasto, che può coinvolgere fino a tremila membri del Partito.

In questi mesi l'attività principale del Partito è la preparazione dei documenti che saranno discussi e approvati dal prossimo congresso, convocato per l'autunno del 2007. Può una potenza economica del XXI secolo procedere con questi tempi? La divaricazione tra i tempi della politica e quelli dell'economia fa sì che il Partito non riesca più a controllare un Paese che ormai procede in modo autonomo.

Come nei secoli in cui l'imperatore e la corte di Pechino erano deboli, le province vanno avanti da sole. Il Partito non è più in grado di ridistribuire il reddito tra province ricche e povere, ma ha anche perduto la possibilità di controllare la crescita. Io non penso che l'economia cinese sia surriscaldata: come può esserlo un'economia che ha di fronte a sé un'offerta di lavoro praticamente infinita, dove non esistono i sindacati e i salari sono determinati dal reddito contadino che è poco oltre il livello di sussistenza?

Ma anche se lo fosse non vi sarebbe quasi nulla che il Governo centrale potrebbe fare per rallentare la crescita. In un'economia nella quale non esiste il mercato finanziario, i tassi di interesse sono pressoché irrilevanti; per rallentare la domanda bisogna controllare direttamente il credito. Ma il direttore della filiale di Guangzhou della China Construction Bank, la più grande del Paese, non risponde al suo presidente che sta a Pechino, ma al governatore della sua provincia. L'unico strumento rimasto al Governo centrale è il tasso di cambio: Pechino potrebbe decidere di rivalutare, ma non lo farà. Innanzitutto perché l'economia non è surriscaldata e poi perché i cinesi sono ben consci del fatto che gli squilibri dell'economia mondiale non nascono a Pechino ma a Washington, e lì vanno corretti.

Le difficoltà del processo decisionale all'interno del Partito, e per riflesso del Governo, inducono qualcuno a dire che «l'unico modo per andare avanti è delegare il potere tramite un'elezione: se l'eletto non va bene, alle prossime elezioni lo cambiamo». Ma il cambiamento fa paura. «In trent'anni, dal 1949 al 1979, abbiamo fatto ogni sorta di esperimenti. Il risultato? La povertà e cinquanta milioni di morti», mi dice un amico cinese. «Nel 1976, quando le manifestazioni della Primavera di Pechino hanno aperto la strada al ritorno di Deng al potere, abbiamo detto basta: il capitalismo sarà un sistema imperfetto, ma è meglio dei morti e della povertà. Oggi nessuno ha più voglia di pensare a un cambiamento». Come non capire un mio coetaneo che nell'anno in cui io mi iscrivevo all'università veniva mandato a "rieducarsi" in campagna? E tuttavia la chiave del futuro della Cina secondo me è proprio questa: come trovare il modo di passare alla democrazia.

La spinta delle élite in divisa[2]

Pechino. Una barca veloce, che ha issato lo spinnaker, corre sul mare, ma ha perduto la deriva. Questa è la prima immagine della Cina del XXI secolo, superficiale ma non ingiustificata. La deriva tradizionale, il Partito comunista, non è più in grado di controllare il Paese: troppo mercato, troppe province ricche e potenti che mal sopportano gli ordini di Pechino, ma soprattutto un partito che, dopo la morte dell'ultimo Imperatore, Deng Xiaoping, per decidere deve ogni volta costruire un ampio consenso, con tempi lunghissimi che sempre più stridono con i ritmi dell'economia.

Ma la deriva tradizionale non è neppure stata sostituita da una deriva moderna: chiari diritti di proprietà, un sistema giudiziario che li protegga e riesca a tenere a bada la corruzione, insomma le regole che, spesso a fatica, sostengono una moderna economia di mercato. Il risultato, una crescita rapidissima ma incontrollata, con molta corruzione, nessun rispetto per l'ambiente, poco per i diritti umani, anche quelli dei lavoratori. In realtà una deriva esiste ancora, la stessa che nel 1949, dopo quarant'anni di guerre civili, unificò la Cina, portò il Partito comunista al potere e negli anni Settanta lo salvò dal tunnel della rivoluzione culturale. Quella deriva è l'Elp, l'Esercito di liberazione del popolo. Ma, mentre in tutte le dittature il problema della transizione alla democrazia è come acquisire il consenso delle forze armate, in Cina potrebbero essere proprio le élite militari a dare il via alla transizione.

In uno dei classici della giovane letteratura cinese post anni Settanta (*Un villaggio di nome Hibiscus*, di Gu Hua) il personaggio centrale, colui cui spetta il compito di dimostrare gli errori compiuti durante la rivoluzione culturale, è un soldato dell'Elp: sceso dal Nord con la lunga marcia di Mao si è fermato in un piccolo villaggio fra i monti dell'Hunan. Durante la rivoluzione culturale, quando il Partito sembra aver perduto il senso della dignità umana, il soldato Gu Yanshan è l'unico a non perderla, così come il piccolo ospedale locale dell'Elp rimane un'oasi felice ed efficiente in una società che sta andando a rotoli. I libri in Cina non sono mai pubblicati per caso e il messaggio è fin troppo chiaro: il Partito può sbagliare, e spesso lo fa, ma il vero filo conduttore della rivoluzione cinese è l'Elp.

Quando Deng Xiaoping ritorna al potere, alla fine degli anni Settanta, egli sceglie i suoi collaboratori tra gli ufficiali della provincia di Youjiang che comandava ai tempi della lunga marcia; dieci anni più tardi abbandona ogni carica, ma non la presidenza della Commissione militare del Partito, e da quell'ufficio, fino alla sua morte, continuarono a passare tutte le decisioni importanti. Lo stesso fa il suo successore, Jiang Zemin: nel 2002 anch'egli abbandona ogni carica ma chiede per sé il posto che fu di Deng e da lì continua a essere il membro più influente della leadership cinese.

Il rapporto tra la questione della democrazia e il ruolo dell'Elp è il nodo dal quale dipende il futuro della Cina. Innanzitutto perché vi è il problema interno dell'unità del Paese: il Tibet, lo Xinjiang, la più grande provincia cinese, con una popolazione perlopiù musulmana, e Taiwan, che i cinesi continuano a ritenere un problema "interno", sono tre province con forti spinte separatiste, sebbene solo Taiwan formalmente separata: insieme coprono un quinto del territorio nazionale. In Tibet e in Xinjiang l'unità nazionale dipende dalla presenza dell'Elp, e forse così sarà a Hong Kong, dopo che Pechino ha detto no alla richiesta di libere elezioni. Ma la forza dell'esercito è determinante anche nella questione di Taiwan. Un'interpretazione inconsueta della crescita cinese, ma che riflette il pensiero della potente Commissione militare, è che il maggior beneficio del successo economico non sia l'aver tolto milioni di cinesi dalla povertà, bensì aver reso possibile il rafforzamento dell'apparato militare. «L'Unione Sovietica è finita nel momento in cui è iniziato il suo declino economico e non è stata più in grado di far fronte all'accelerazione delle spese militari degli Stati Uniti», mi dice un alto ufficiale dell'Elp. È per questo motivo che l'élite militare oggi appoggia incondizionatamente la liberalizzazione dell'economia. E tuttavia, come dice il direttore dell'Istituto italiano di cultura a Pechino, Francesco Sisci, «questa visione dei rapporti fra successo economico e forza militare dà luogo al cosiddetto "paradosso di Taiwan"». La Cina deve aprire l'economia perché solo così può crescere, rafforzarsi militarmente e in tal modo mantenere aperta l'opzione della riunificazione con Taiwan. E tuttavia, se Taiwan dichiarasse formalmente l'indipendenza, e la Repubblica popolare fosse davvero costretta a intervenire militarmente, lo shock sarebbe tale, soprattutto negli Stati Uniti, da imporre una brusca inversione al processo di liberalizzazione dell'economia. Oltre al problema di salvaguardare l'unità nazionale, l'Elp ha compiti regionali sempre più importanti.

Impegnati nel Medio Oriente, oggi gli Stati Uniti hanno meno tempo e meno forze da impiegare nel Sudest dell'Asia, come dimostra la recente riduzione del numero di militari americani dislocati nella Corea del Sud. La stabilità della regione, e in particolare del mare della Cina del Sud, attraverso il quale transita gran parte del petrolio consumato in Cina, Corea e Giappone, dipende quindi dalla forza militare dell'Elp. Ma il vero problema è la Corea del Nord che, diversamente dall'Iraq, non solo possiede armi nucleari ma, come disse un ambasciatore americano, ha la «determinazione intellettuale a usarle». Dopo avere fatto per qualche tempo la voce grossa, l'amministrazione Bush è ora tornata al punto cui erano arrivati Bill Clinton e Madeleine Albright: il mese scorso Washington ha accettato di riaprire il dialogo con i nordcoreani a Pechino e ha offerto aiuti in cambio della promessa di smantellare le installazioni per il lancio di missili con testate nucleari.

Il ruolo di Pechino nella trattativa con Pyongyang è cruciale perché la Cina è l'unica finestra che quel Paese mantiene aperta sul mondo. Quanto importante sia la benevolenza dei cinesi essi lo hanno fatto discretamente capire un anno fa: per tre giorni, con la scusa di un guasto meccanico, hanno sospeso le forniture di petrolio a Pyongyang dimostrando che il Paese non sopravvivrebbe alla chiusura di quell'ultima finestra. Ma l'equilibrio è delicato perché nessuno sa se, messi alle strette, i nordcoreani diverrebbero più arrendevoli oppure lancerebbero qualche missile. In un libro pubblicato qualche mese fa dalla Columbia University Press, *China's Democratic Future*, Bruce Gilley discute il ruolo dell'élite militare cinese nella transizione alla democrazia, osservando che molti ufficiali oggi ritengono che l'efficienza delle forze armate e la possibilità che esse facciano fronte ai loro compiti richieda una chiara separazione tra l'Elp e la politica.

Ma questa non è possibile finché Partito e Governo rimarranno sovrapposti, perché troppo stretto è il legame storico tra Elp e Partito. Vi sono due vie d'uscita: la prima, improbabile, è un regime alla Putin controllato direttamente o indirettamente dall'Elp.

L'alternativa è la transizione alla democrazia. Una transizione che non nascerà dal basso, dagli esperimenti democratici nei villaggi e nelle piccole città, ma sarà guidata dall'alto, con grande attenzione all'unità del Paese. Forse siamo prossimi alla chiusura del cerchio. Potrebbero essere proprio le élite militari, sotto la pressione della sicurezza interna e delle nuove responsabilità regionali della Cina, a spingere il Paese verso la democrazia. 2,5 milioni gli effettivi dell'Esercito di liberazione del popolo. Le élite militari sempre più potenti: 9,6 per cento la crescita delle spese militari. Il budget arriva a 55 milioni di dollari incluso l'acquisto di armi.

Yuan e riforme[3]

Quindici anni fa il reddito pro capite in Cina era lo stesso dell'India, oggi è il doppio. Ma questa crescita vertiginosa non è avvenuta senza costi. Ha attratto risorse verso le regioni ricche della costa, ma ha lasciato indietro le province rurali del centro e l'ovest islamico. Solo sette anni fa, il reddito pro capite nelle otto province più ricche era il doppio che nelle venti più povere: oggi la differenza è di tre volte, e il rapporto tra redditi nelle città e nelle campagne è salito da 2,5 a 3,2. Anche gli investimenti pubblici hanno abbandonato le campagne: dal 1990 il numero di letti d'ospedale (per abitante) è sceso di oltre il 20 per cento nelle campagne, mentre cresceva nelle città.

La rivalutazione del cambio rischia di aggravare il divario

tra città e campagne. I redditi dei contadini dipendono dai prezzi dei prodotti agricoli che sono fissati in dollari alla Borsa di Chicago: se la moneta cinese si rafforza sul dollaro il prezzo di riso e grano sul mercato interno scende, e i contadini si impoveriscono. (Anche in Italia, nel 1926, quando Mussolini decise di rivalutare la lira portandola a «quota 90», le campagne si impoverirono.)

Per alcuni decenni, dall'ascesa al potere di Deng Xiaoping, la leadership cinese è stata dominata da uomini che provenivano da Shanghai: lo stesso Deng, Jiang Zemin, il primo ministro Zhu Rongji. Gli anni della crescita trascinata dalle esportazioni, ma anche dell'aggravarsi del divario città-campagne, corrispondono agli anni di questa leadership. Ma oggi, con il passaggio del potere a Hu Jintao, le province della costa hanno perso influenza e il problema della distribuzione del reddito occupa il centro del dibattito politico. Il grande problema della Cina oggi è come riequilibrare la crescita: senza però arrestarla, perché anche Hu Juntao sa che il successo economico rimane la sua unica legittimazione politica. Se la crescita si interrompesse, il regime avrebbe i giorni contati.

Come far quadrare il cerchio? Per riequilibrare la crescita occorre spostare risorse: meno esportazioni e più consumi interni, consumi privati, ma anche servizi pubblici. In Cina non esiste un sistema di sanità pubblica: gli ospedali costano (molto), come le medicine e le scuole, e non esistono pensioni. Le famiglie cinesi risparmiano la metà di quello che guadagnano: tutto risparmio precauzionale per far fronte all'evenienza di una malattia, di un figlio particolarmente brillante, di una vecchiaia che anche in Cina si fa più lunga.

La rivalutazione è un'arma a doppio taglio: riduce, seppur di poco, la convenienza a esportare ma, come abbiamo visto, impoverisce 800 milioni di contadini. Il grande problema della Cina è come evitare che in questo passaggio la crescita rallenti. La soluzione è un grande progetto di riforme sociali, scuola, pensioni, sanità, che riduca i rischi cui sono esposte le famiglie e consenta loro di risparmiare di meno. In un Paese che praticamente non ha debito pubblico finanziare un simile progetto è possibile.

Questa piccola rivoluzione cinese ha conseguenze rilevantissime per le nostre imprese. Si apre un mercato praticamente illimitato, che ha bisogno di tutto e soprattutto di quei beni di consumo durevole (lavatrici, ventilatori, cucine, radio, motociclette, tv) che hanno arricchito l'Italia negli anni Sessanta. Alcuni imprenditori, Merloni, Colannino, lo hanno già capito. Ma il Paese è sterminato e c'è spazio per tutti.

Note

1. «Corriere della Sera», 23 giugno 2004.
2. «Corriere della Sera», 13 luglio 2004.
3. «Corriere della Sera», 22 luglio 2005.

Epilogo
Prigionieri di noi stessi

Se davvero la concorrenza porta tanti benefici ai cittadini, perché è così difficile liberare l'Italia da rendite, monopoli, protezioni di ogni tipo? Coloro ai quali la concorrenza porterebbe grandi benefici sono un'amplissima maggioranza: come mai alle elezioni non stravincono, eleggendo deputati e senatori con un chiaro mandato a liberalizzare i mercati? Come mai al momento buono il Parlamento salva sempre i privilegi di pochi a danno della maggioranza degli elettori?

Un'osservazione banale è che la composizione del nostro Parlamento non è certo la più adatta per promuovere la concorrenza, ad esempio nelle libere professioni. Un eletto su tre nella legislatura 2001-2006 è iscritto a un ordine professionale e la percentuale è ancor più elevata (uno su due) tra i deputati e i senatori della Casa delle Libertà.

Ma soprattutto, non sempre i consumatori sono consci dei vantaggi che arreca la concorrenza. Negli Stati Uniti le liberalizzazioni del presidente Ronald Reagan aumentarono il prodotto lordo nei settori liberalizzati dell'8 per cento, un vantaggio che andò tutto ai consumatori. E tuttavia un'indagine svolta fine degli anni Ottanta, mostrò che metà dei consumatori non approvava le liberalizzazioni.

I motivi di questo risultato sorprendente e particolarmente deludente sono molti. Cambiare le proprie abitudini è difficile. In Gran Bretagna, dopo l'apertura del mercato del trasporto ferroviario, i cittadini possono acquistare da varie compagnie un passaggio Londra-Warwick. E tuttavia all'inizio, sebbene i prezzi crollarono, le proteste furono numerose. Il motivo è che i biglietti costano effettivamente poco se un viaggiatore li acquista con grande anticipo. Ma se per caso deve partire all'improvviso, e acquista il biglietto alla stazione, il prezzo è molto più alto di prima: le compagnie si fanno concorrenza, ma conoscono bene l'elasticità della domanda.

Spesso poi i mercati da liberalizzare sono complessi. Quanti capiscono, ad esempio, che i prezzi di gas ed energia elettrica dipendono in gran parte dalle regole con cui viene distribuita l'energia importata dall'estero? Anche se queste regole potrebbero essere ridotte all'osso e illustrate in modo che tutti le capiscano, vi è un forte interesse, soprattutto da parte delle aziende che operano in questi settori, a mantenerle complesse, così che i consumatori siano di fatto esclusi dal dibattito su eventuali riforme.

Le corporazioni potenzialmente colpite sono molto abili nel confondere le carte. Gli ordini professionali, ad esempio, spesso giustificano la loro esistenza con l'argomento che un ordine è necessario per salvaguardare la qualità del servizio che i professionisti offrono ai cittadini. Ma se l'autoregolamentazione fosse davvero la ragion d'essere degli ordini, perché non delegarla, come in Gran Bretagna, a libere associazioni non istituite per legge? Queste associazioni avrebbero, rispetto ai nostri ordini, un gran vantaggio: poiché la loro sopravvivenza dipende dalla reputazione di cui godono, e non da una norma di legge, esse avrebbero un grande incentivo a salvaguardare la propria reputazione, mostrandosi sollecite ogniqualvolta un loro iscritto violi le regole deontologiche dell'associazione. Quanti sono i casi di espulsione dall'ordine di giornalisti, medici, avvocati, farmacisti? Rarissimi, anche in situazioni estreme, ad esempio, a seguito di una condanna del professionista da parte della magistratura.

Queste osservazioni ci hanno portato al cuore del problema: è difficile liberalizzare perché gli interessi potenzialmente colpiti dalle liberalizzazioni sono forti, e le loro lobby potentissime. Inoltre, mentre ci vuol del tempo perché i consumatori apprezzino i benefici della concorrenza, le lobby si mobilitano rapidamente, cercando di influenzare i cittadini proprio nel momento in cui questi si chiedono quanto convenga loro la concorrenza. Un caso emblematico sono le dichiarazioni quasi intimidatorie di notai e farmacisti ogniqualvolta si propone di consentire la vendita dell'aspirina nei supermercati o di rendere facoltativo – non obbligatorio – rivolgersi a un notaio per l'acquisto di un immobile. Abbandonati al loro libero arbitrio e – non sia mai – allettati da una riduzione dei prezzi, i cittadini farebbero indigestione di aspirina. Quanto alla possibilità di verificare via internet chi è il proprietario di un determinato immobile, oppure la presenza di eventuali ipoteche o condoni, queste sono operazioni evidentemente troppo complicate per gli umili cittadini: mai sentito l'ordine dei notai battersi perché la consultazione di queste banche dati sia resa più agevole.

L'influenza delle lobby sul Parlamento è forse il maggior problema delle democrazie moderne. Gli interessi potenzialmente colpiti dalla concorrenza sono grandi e giustificano, a loro difesa, l'impegno di risorse finanziarie adeguate. Come mai, per fare un esempio diverso, lo Stato non ha mai promosso una campagna di informazione volta a spiegare ai cittadini come funziona l'otto per mille? Quanti cittadini sanno che l'otto per mille delle imposte pagate dai contribuenti che non ne indicano una specifica destinazione (sono sei su dieci) non viene attribuito, come sarebbe naturale, allo Stato, bensì, pro quota, alle istituzioni indicate da quei quattro su dieci che una scelta la fanno – e quindi in stragrande maggioranza alla Chiesa cattolica?

Un'altra difficoltà nasce dalla proprietà pubblica di molte aziende che operano in mercati regolamentati: luce, acqua e gas. Enel ed Eni, sebbene in parte privatizzate, continuano a generare ricchi dividendi per lo Stato; lo stesso accade per le aziende ex municipali che in alcuni comuni rappresentano la maggior fonte di reddito per le casse comunali. Che interesse hanno le amministrazioni pubbliche a liberalizzare questi mercati? Evidentemente nessuno, dato che la liberalizzazione farebbe cadere i prezzi: per un amministratore è meno costoso tassare col caro-tariffe che con imposte vere e proprie, magari alzando l'aliquota dell'ICI.

Gli incentivi perversi che derivano dalla proprietà pubblica non si fermano qui. I mercati del gas e dell'energia elettrica sono stati affidati a un'autorità indipendente. Questo fu necessario quando si trattò di avviare la privatizzazione di Enel ed Eni. Ma oggi l'indipendenza dell'autorità è un ostacolo, soprattutto quando le sue decisioni riducono la posizione dominante di queste aziende e quindi il loro profitti. È così che in questa legislatura si è più volte, e talora con successo, tentato di ricondurre alla ragione le Autorità. Poiché era difficile cambiare le norme, si è proceduto attraverso le nomine, designando nelle Autorità persone che, si spera, saranno meno sorde agli interessi delle Amministrazioni pubbliche.

La "nuova Confindustria" di Luca Montezemolo sì è schierata senza più dubbi a favore della concorrenza e ora è in prima linea nella battaglia per le liberalizzazioni. Meglio tardi che mai! C'è voluta la crisi della Fiat e la fine delle quote sulle importazioni di automobili giapponesi per smuovere la Confindustria, ma ora è un alleato importante. Quanto durerà la primavera liberista di Confindustria? Già vedo alcuni suoi iscritti (Enel, Eni,Telecom Italia, Benetton, Poste Italiane) guardare avanti, alla ricerca di un presidente meno liberista. Non preoccupatevi, non accadrà nulla di drammatico: basterà trovare un presidente più incline alla concertazione, come Antonio Catricalà, il successore di Tesauro alla presidenza dell'Antitrust.

Che fare? Confesso che dopo aver visto quanto è difficile ottenere una norma che persino i notai, almeno i più avveduti tra loro, ritengono doverosa – l'eliminazione della firma notarile nei passaggi di proprietà di veicoli usati (la norma, prevista dal decreto legge sulla competitività, una volta arrivata in Parlamento è stata circondata da tanti adempimenti che passerà qualche anno prima che l'obbligo effettivamente decada) –, mi vien quasi da perdere ogni speranza.

I libri, i giornali possono fare molto per informare i cittadini, mettendoli in guardia ogniqualvolta una lobby usa argomenti discutibili o palesemente sbagliati. Ma la vera speranza sono i diretti beneficiari, i cittadini. Il problema è come mobilitarli, come evitare che divengano prigionieri di se stessi, come far sì che alle prossime elezioni votino per chi vogliono, ma mai per un iscritto a un ordine professionale.

Indice dei nomi

Indice

BUR
Periodico settimanale: 1° settembre 2005
Direttore responsabile: Rosaria Carpinelli
Registr. Trib. di Milano n. 68 del 1°-3-74
Spedizione in abbonamento postale TR edit.
Aut. N. 51804 del 30-7-46 della Direzione PP.T.T. di Milano
Finito di stampare nell'agosto 2005 presso
il Nuovo Istituto Italiano d'Arti Grafiche - Bergamo
Printed in Italy

M: 0107764261
S: 00003932
LOBBY D'ITALIA
I°EDIZIONE BUR
FUTUROPASSATO
FRANCESCO
GIAVAZZI

RIZZOLI
MILANO

RCS Libri

ISBN 88-17-00759-5